2019年主题出版重点出版物
"十三五"国家重点出版物出版规划项目
新时代马克思主义经典文献精学导读丛书　主编/顾海良

《论粮食税》《论我国革命》精学导读

王　东◎著

科学出版社
北京

内 容 简 介

《论粮食税》和《论我国革命》是列宁晚年有关苏联过渡时期新经济政策方面的重要著作。本书详细介绍了《论粮食税》和《论我国革命》这两本著作的创作背景、文本内容和思想精髓，重点阐释了列宁晚年著作的理论意义和现实意义。本书力图在新时代下激活《论粮食税》和《论我国革命》的理论穿透力和强大生命力，在文本中深刻理解列宁晚年所做的重大理论创新和实践创新，真正把握列宁主义思想的精髓，从而真正把握新时代全面深化改革的源头活水。

本书适合马克思主义理论类专业的本科生、研究生，以及广大党员干部和对马克思主义理论感兴趣的人士阅读。

图书在版编目（CIP）数据

《论粮食税》《论我国革命》精学导读 / 王东著. —北京：科学出版社，2019.11

（新时代马克思主义经典文献精学导读丛书 / 顾海良主编）

"十三五"国家重点出版物出版规划项目

ISBN 978-7-03-063507-5

Ⅰ. ①论⋯ Ⅱ. ①王⋯ Ⅲ. ①《论粮食税》-列宁著作研究 ②《论我国革命》-列宁著作研究 Ⅳ. ①A821.27

中国版本图书馆 CIP 数据核字（2019）第 260858 号

责任编辑：刘英红 / 责任校对：贾娜娜
责任印制：霍 兵 / 封面设计：润一文化

科 学 出 版 社 出版
北京东黄城根北街 16 号
邮政编码：100717
http://www.sciencep.com

天津市新科印刷有限公司 印刷
科学出版社发行 各地新华书店经销
*

2019 年 11 月第 一 版　开本：720×1000 1/16
2019 年 11 月第一次印刷　印张：14
字数：145 000
定价：42.00 元
（如有印装质量问题，我社负责调换）

丛书编委会

主编： 顾海良

成员：（以姓氏拼音字母为序）

艾四林　陈锡喜　丰子义　李佑新

刘　军　佘双好　孙蚌珠　孙代尧

孙来斌　孙熙国　王　东　王宏波

王树荫　肖贵清　徐俊忠　张雷声

总　　序

"新时代马克思主义经典文献精学导读"是根据新时代学习马克思主义经典著作的需要，对各主要的经典著作所蕴含的马克思主义基本原理及其精神实质作出学习和研究性导读。

马克思主义基本原理是马克思主义的理论精粹，体现了马克思主义的根本性质和整体特征，体现了马克思主义立场观点方法的核心要义，体现了马克思主义科学性、人民性、实践性和时代性的思想特征。习近平总书记指出："掌握马克思主义，最重要的是掌握它的精神实质，运用它的立场、观点、方法和基本原理分析解决实际问题。"[①]在坚持和发展中国特色社会主义中，我们说"老祖宗"不能丢，在根本上就是马克思主义基本原理不能丢。

马克思主义基本原理深刻地蕴含于马克思主义经典著作之中；马克思主义经典著作是马克思主义基本原理的思想本源和理论基础。同时，马克思主义经典著作也蕴藏着马克思主义经典作家汲取人类探索真理的丰富的思想成果，深刻展现了马克

[①] 习近平：《中国共产党 90 年来指导思想和基本理论的与时俱进及历史启示》，《学习时报》2011 年 6 月 27 日。

《论粮食税》《论我国革命》精学导读

思主义经典作家攀登科学高峰、矢志追求真理的精神境界。深入研读马克思主义经典著作是理解和掌握马克思主义基本原理的必修课,也是理解和掌握马克思主义理论体系的基本功。如习近平总书记所指出的:"共产党人要把读马克思主义经典、悟马克思主义原理当作一种生活习惯、当作一种精神追求,用经典涵养正气、淬炼思想、升华境界、指导实践。"①

"马克思主义就是我们共产党人的'真经','真经'没念好,总想着'西天取经',就要贻误大事!"②在提到学习《共产党宣言》的重要意义时,习近平总书记提出:"广大党员、干部特别是高级干部要学好用好《共产党宣言》等马克思主义经典著作,坚持学以致用、用以促学,原原本本学,熟读精思、学深悟透,熟练掌握马克思主义立场、观点、方法,不断提高马克思主义理论素养。"③理论联系实际,在深化马克思主义经典著作研究阐释中,"推进经典著作宣传普及,让理论为亿万人民所了解所接受,画出最大的思想同心圆。"④

"新时代马克思主义经典文献精学导读"对各经典著作的研究阐释,由北京大学、中国人民大学、北京师范大学等高校马克思主义学院从事马克思主义经典著作教学和研究的学者担

---

① 《十九大以来重要文献选编》上,中央文献出版社 2009 年版,第 434 页。
② 《习近平关于全面从严治党论述摘编》,中央文献出版社 2016 年版,第 66 页。
③ 习近平:《中国共产党是〈共产党宣言〉精神忠实传人》,《人民日报》2018 年 4 月 25 日。
④ 习近平:《深刻感悟和把握马克思主义真理力量 谱写新时代中国特色社会主义新篇章》,《人民日报》2018 年 4 月 25 日。

总　序

纲。在对各经典著作的研究阐释中，首先力求对各经典著作形成的社会和历史条件作出准确解读，凸显相应的马克思主义基本原理形成和发展的思想基础和理论背景；其次力求对各经典著作理论内涵和精神实质作出系统导读，彰显新时代学习和实践相应的马克思主义基本原理的理论意义和现实意义；最后力求对经典著作中体现的科学原理和科学精神相结合的思想特征作出全面论述，更为深刻地理解"历史和人民选择马克思主义是完全正确的，中国共产党把马克思主义写在自己的旗帜上是完全正确的，坚持马克思主义基本原理同中国具体实际相结合、不断推进马克思主义中国化时代化是完全正确的"[1]。

"要以科学的态度对待科学，以真理的精神追求真理，不断赋予马克思主义以新的时代内涵。"[2]习近平新时代中国特色社会主义思想就是当代中国马克思主义，就是21世纪马克思主义。学习马克思主义经典著作，要同学习习近平新时代中国特色社会主义思想结合起来。在这一结合中，更为深刻地理解习近平新时代中国特色社会主义思想，更有定力、更有信心，也更加自觉、更加自信地坚持和发展新时代中国特色社会主义，确保中华民族伟大复兴的巨轮始终沿着正确航向破浪前行。

顾海良

2019年11月1日

---

[1] 《十九大以来重要文献选编》上，中央文献出版社2009年版，第427—428页。
[2] 习近平：《深刻感悟和把握马克思主义真理力量　谱写新时代中国特色社会主义新篇章》，《人民日报》2018年4月25日。

前　言

1921年春天写成的《论粮食税——新政策的意义及其条件》，是列宁晚年从战时共产主义转向新经济政策道路的历史起点与理论起点，可谓列宁晚年理论创新的开篇，或称上篇。

1923年初，列宁在生命垂危之际写成的《论我国革命》，则是列宁对新经济政策道路最初两年的实践，乃至从十月革命道路到新经济政策道路的理论总结、哲学总结，堪称是列宁晚年理论创新的收篇之作，或称下篇。

把这两部列宁晚年的经典之作合到一起学习研讨，有助于我们今天更好地理解列宁晚年所探索的新经济政策道路，有助于我们更好地理解列宁晚年重大的理论创新、实践创新，真正把握列宁主义思想的真谛，从而真正把握新时代全面深化改革的源头活水！

目 录

第一章 从战时共产主义果断转向新经济政策道路
　　——1921年春《论粮食税》的历史背景 ……… 1
　一、客观因素和主观因素的双重历史产物 ……… 2
　二、国家垄断的战时经济体制 ……… 12
　三、过度集权的战时政治体制 ……… 18
　四、成功的政策和失败的模式——战时共产主义
　　　历史定位二重性 ……… 27

第二章 《论粮食税》的基本思想——五个部分的重要内容 … 36

第三章 新经济政策道路的实质——回到列宁的定义上来 … 44
　一、歧义重重的种种解释——苏联模式下长期固
　　　守的斯大林定义 ……… 45
　二、逐步深化的认识历程——新经济政策实质的
　　　九个列宁定义 ……… 50
　三、新经济政策的核心实质——列宁主义道路真谛 …… 64

第四章 《论粮食税》的理论创新——新经济政策初期的
　　历史局限 ……… 72

第五章 列宁晚年"政治遗嘱"——《论我国革命》写作的
　　历史背景 ……… 88
　一、退居二线的战略思考 ……… 88
　二、垂危时刻的"政治遗嘱" ……… 93

《论粮食税》《论我国革命》精学导读

　　三、对社会主义整个看法的根本转变 …………… 99
　　四、列宁社会主义思想制高点 ………………… 113
第六章　《论我国革命》的思想精髓——科学社会主义统一
　　　　性与民族特色多样性 ………………………… 125
　　一、社会主义道路的多样性和民族特色 ………… 126
　　二、带有小农国家特点的社会主义 ……………… 131
　　三、东方社会主义的新道路 ……………………… 139
第七章　三位一体的列宁构想——经济、政治、文化系统改革论 … 147
　　一、文化创新难题的列宁最后思索——文化革命的
　　　　列宁计划 ……………………………………… 147
　　二、新经济政策道路的列宁最后构想——合作社会
　　　　主义的列宁模式 ……………………………… 158
　　三、政治制度改革的列宁晚年构想——政治改革的
　　　　列宁纲领 ……………………………………… 169
第八章　全面深化改革的源头活水
　　　　——列宁晚年论著的理论意义与现实意义 …… 193
　　一、全面深化改革的时代潮头呼唤——重新开掘
　　　　列宁政治遗嘱的源头活水 …………………… 193
　　二、三个五十年，一个聚焦点——原先落后国家的
　　　　社会主义特殊道路 …………………………… 195
　　三、继承列宁遗嘱，突破苏联模式——全面深化改
　　　　革的深层迫切需要 …………………………… 199
　　四、改革开放40年列宁新经济政策研究现状
　　　　——一个亟待加强的重大研究领域 …………… 207

第一章　从战时共产主义果断转向新经济政策道路

——1921年春《论粮食税》的历史背景

我们今天需要从双重视角来重新考察战时共产主义，揭示它的双重起因、双重作用、双重后果，以纠正传统见解中对战时共产主义的单一理解。

从20世纪30年代斯大林授意下写成的《苏联共产党（布）历史简明教程》到20世纪60年代波诺马廖夫主编的《苏联共产党历史》，从20世纪50年代出版的梁士琴科主编的《苏联国民经济史》到20世纪70年代苏联科学院经济研究所编撰的《苏联社会主义经济史》，几十年间苏联理论界对战时共产主义的研究，几乎一直是单视角的。也就是说，仅仅把它当作"为非常困难的国防条件所引起并带有临时性质的种种设施"[①]，仅考察了它作为战时经济体制的历史作用，仅从正面肯定了它对保证战争胜利的历史功绩。

以双重视角重新考察战时共产主义，将会提出一系列新的

---

① 联共（布）中央特设委员会编：《苏联共产党（布）历史简明教程》，人民出版社1954年版，第303页。

问题。战时共产主义政策的实质是双重的——既要把它如实地看作战争环境下的应急措施,又要历史地把它看成是在一定指导思想下萌生的经济体制、政治体制。战时共产主义政策的作用也是双重的——它既是临时的战时经济体制,又是一种极端集中的社会主义经济体制的雏形。战时共产主义政策的社会后果同样是双重的——它既保证了战争的胜利进行,但也给社会主义经济建设带来了严重危机和灾难性后果。

对于前一方面的理解,多年来前人谈论得已经够多了;而对问题的后一方面,却还缺少较为深入的研究。自从波兰经济学家兰格在 20 世纪 30 年代提出这一问题之后,东西方学者弗·布鲁斯、柯·格鲁奇等人从比较经济体制角度做过一些较为概略的研究,苏联学者帕普科夫在 20 世纪 70 年代中期的著作《列宁论战时共产主义政策的实质》中,也只是初步触及了这一问题。因此,在从双重视度考察战时共产主义政策的时候,我们可以把重点放在前人忽略的后一方面。

一、客观因素和主观因素的双重历史产物

如果全面考察战时共产主义政策的历史起源,那么应当说它是客观因素和主观因素相互影响的双重历史产物:作为一套应急措施,它是强加到布尔什维克头上的战争环境的产物;作为走向社会主义、建设社会主义的一条道路或一种模式,它又是主观方面指导思想出现一些失误的产物。

第一章　从战时共产主义果断转向新经济政策道路

毫无疑问，帝国主义军事包围的严峻战争形势，是布尔什维克转而采取战时共产主义政策的首要的客观因素。本来1918年春天签订的《布列斯特和约》，以巨大的历史代价，为年轻的苏维埃共和国换取了短暂的和平喘息时间，列宁拟订了一份以提高劳动生产率为目的、以国家资本主义为中间环节的经济建设计划。可惜的是，和平时期太短暂了。从1918年夏天起，英国、法国、德国、日本、美国等几个主要资本主义国家，勾结高尔察克、邓尼金、尤登里奇等反革命势力，里应外合，推波助澜，几乎对苏维埃政权形成了四面合围之势。它们采取了铁血手段，一心要把刚刚诞生的苏维埃政权扼杀在摇篮里。形势是空前严峻的：苏维埃政权失去了四分之三的土地，失去了南高加索、伏尔加河流域、西伯利亚、乌克兰等几个赖以生存的大粮仓，失去了为工业提供煤炭、石油等燃料动力的主要基地，如顿巴斯、巴库，甚至彼得格勒、莫斯科这些腹心之地都受到了严重威胁。没有高度的集中，就无法保证刚刚组建起来的100万军队的粮食供应，就无法保证前线的军火物资供应，就无法保证把有限的资源全部投入战争前线，就无法保证整个经济都为战争胜利服务。正是在这种严峻的历史关头，成立了以列宁为首的劳动国防委员会，提出了"一切为了前线，一切为了胜利"的响亮口号，果断地采取了战时共产主义的一系列紧急措施，建立起一种极端集中的经济体制。

然而，同样不可忽视的是，客观环境并不是形成战时共产主义集权体制的唯一因素，还有相当重要的主观因素。对于落

《论粮食税》《论我国革命》精学导读

后俄国如何探索走向社会主义的道路、如何建立社会主义经济体制问题，都缺乏相应的实践经验，加之认识上的模糊和指导思想上的失误，也起了一定的负面作用。尤其是在企图从理论上把战时共产主义加以理想化、常态化、凝固化方面，主观上的指导思想失误起了不小的作用。这种指导思想上的失误，集中体现为试图借助国家垄断制度，直接走上社会主义建设道路，也可以简略地称为"直接过渡"的思想。

长期以来问题的这一方面往往被忽视了，这导致人们难以全面总结战时共产主义的历史教训，在社会主义历史进程中一再程度不同地重犯类似的错误（从斯大林时期形成的苏联模式，到中国的"大跃进"运动、"文化大革命"）。以苏联理论界为例，甚至从20世纪20年代的历史文献到20世纪70年代出版的有关学术专著，几乎众口一词地断言：所谓"新经济政策的基本原则……远在1918年春第一个'喘息'时期就已被明确规定了……但是武装干涉和国内战争中断了新经济政策的实行"①。按照这种说法，从指导思想和理论认识上来说，早就找到了走向社会主义建设的正确途径，仅仅是外部环境骤变，才造成了战时共产主义的节外生枝和小小插曲。

---

① 俄共（布）第十一次全俄代表会议决议：《党在恢复经济方面的当前任务》，见〔苏〕康·契尔年科、米·斯米尔丘科夫主编：《苏联共产党和苏联政府经济问题决议汇编》第1卷，中国人民大学苏联东欧研究所译，中国人民大学出版社1984年版，第290页；苏联科学院经济研究所：《苏联社会主义经济史》第2卷，生活·读书·新知三联书店1980年版，第10页。

第一章　从战时共产主义果断转向新经济政策道路

事实上，上述说法是不够科学的，缺少严格的历史主义态度。有大量的历史文献可以证据确凿地表明：走上战时共产主义道路，虽然战争的外部环境是首要因素，但是指导思想上的模糊和失误也起了不小的作用，在一定程度上为探索这条道路积累了经验教训。甚至可以说：战时共产主义采取的那种极端集中的战时经济体制的形式，具有战争造成的历史偶然性；而在那一时期形成的某种高度集中的经济体制雏形，则具有一定的历史必然性。这种历史必然性根源于指导思想上的模糊和失误，当时甚至包括列宁在内的布尔什维克对于社会主义的理解有其历史局限性和思想局限性。指导思想上的这种失误，集中表现在以下四个方面。

1. 过分崇尚国有化，几乎把国家垄断制看成社会主义的理想形式

从十月革命前夕所写的《国家与革命》到1918年春天的设想，列宁都曾把整个国家看作一个大工厂，实行统一劳动、平等分配，看作社会主义的理想形式。按照这种理解，很自然地会把国家政权、生产资料的所有者、生产和分配的组织者看成是三位一体的东西。因此，他强调由国家直接组织对生产和分配的监督："对产品的生产和分配不实行全面的国家计算和监督，劳动者的政权、劳动者的自由就不能维持，重新受资本主义的压迫就不可避免。"[①]尽管列宁在和布哈林论战时，从理论

[①]《列宁选集》第3卷，人民出版社1995年版，第487页。

上划清了社会化与国有化的界限,把社会化看得远远高于国有化,但整体来说,列宁当时是把国有化、国家垄断制看得过重了,过高地估计了它在社会主义进程中的作用,多少有些忽视了小农国家的经济结构特点。但是,这一思想甚至写进了党纲,从1918年3月党纲草案到1919年3月通过的正式党纲,都把彻底实行国有化作为无产阶级专政在这个历史时期的基本任务:"坚持不懈地把已经开始并已在主要方面基本上完成的对资产阶级的剥夺,把变生产资料和流通手段为苏维埃共和国的财产即全体劳动者的公共财产的工作继续下去并进行到底。"①这里既没有区分大中小企业、主要和次要生产资料、经济命脉和附属成分,也没有区分战争时期与和平时期,而是要求对一切生产资料一股脑儿地实行国有化,建立国家垄断制。

2. 把自由贸易等同于资本主义,把社会主义等同于排斥商品的产品经济

列宁本人这一时期的某些提法,也曾一度将自由贸易与资本主义完全画上了等号:"高尔察克现在正用一切方法进行活动。但是,他在经济上靠什么来支持呢?他靠自由贸易来支持,他为贸易自由而斗争,所有的资本家都因此而拥护他。"②与此相应的是,把社会主义看成是完全消灭商品的产品经济形式,由国家直接组

---

① 《列宁全集》第36卷,人民出版社1985年版,第109页。
② 《列宁选集》第3卷,人民出版社1995年版,第818页。

第一章　从战时共产主义果断转向新经济政策道路

织生产和消费。在1918年起草的党纲草案中就规定:"起初是国家对'贸易'实行垄断,然后通过工商业职员联合会在苏维埃政权领导下以有计划有组织的分配来完全彻底地代替'贸易'。"① 1919年通过的正式党纲同样明确规定,苏维埃政权现时的任务是坚定不移地继续在全国范围内用有计划有组织的产品分配来代替贸易。尽管当时认为在过渡时期,立即消灭货币是不可能的,但是却把这一任务提上了议事日程:"俄共将力求尽量迅速地实行最激进的措施,为消灭货币作好准备。"②

3. 把实行粮食垄断制和余粮收集制看作社会主义的必要措施,忽视小农必须以一定的贸易自由作为生存条件

列宁强调必须把国家垄断粮食贸易,作为党和国家的基本政策:在粮食政策方面,俄共坚持要巩固和发展国家垄断。不仅如此,当时还把义务余粮收集制理想化了,忽视了它是被迫采取的、近似于剥夺农民的强制手段:"经验表明,已经建立的义务余粮收集制,是把余粮收集到国家手中的最合乎目的的手段,这种手段不仅在口头上而且在实际上实现国家垄断。"③列宁甚至还曾一度将其上升到理论高度,夸大了它的历史适用性:"合理地分配

---

①《列宁全集》第34卷,人民出版社1985年版,第69页。
②《列宁全集》第36卷,人民出版社1985年版,第111页。
③〔苏〕康·契尔年科、米·斯米尔丘科夫主编:《苏联共产党和苏联政府经济问题决议汇编》第1卷,中国人民大学苏联东欧研究所译,中国人民大学出版社1984年版,第165—166页。

粮食和燃料,努力获得粮食和燃料,由工人在全国范围内对此实行最严格的计算和监督,这就是社会主义的真正的、主要的前阶。这已经不是'一般革命的'任务,而正是共产主义的任务。"①当时把农民看成是半劳动者、半投机者,把小农要求一定的贸易自由看成是资本主义同社会主义之间的阶级斗争的主要形式,忽视了这是势必长期存在的小农的天然合理要求。否认个体小农存在的长期性,急于过渡到社会主义大农业的观点,助长了对农民粮食进行十字军式讨伐的倾向。

4. 企图靠国家行政命令组织生产和消费,从而直接过渡到社会主义

在革命改造时期,特别是战时共产主义时期,布尔什维克中产生了某种政治幻觉——夸大了国家政权的行政强制作用,有点急于超越社会发展的自然历史进程。这一点在布哈林身上表现得极为明显,就是列宁本人也未能完全幸免。列宁在《对布哈林〈过渡时期的经济〉一书的评论》一书中的评论,可以证实这一点。在全书的十一章内容中,列宁评价最高的是第十章"过渡时期'超经济的'强制",认为"这一章很出色",是"本书的出色的结尾"。②这一章的基本思想,归结起来就是:"在

---

① 《列宁全集》第34卷,人民出版社1985年版,第339页。
② 〔苏〕列宁:《对布哈林〈过渡时期的经济〉一书的评论》,中共中央马克思恩格斯列宁斯大林著作编译局编译,人民出版社1976年版,第58、64页。

第一章 从战时共产主义果断转向新经济政策道路

无产阶级专政的条件下,国家强制就是建设共产主义社会的方法。"① 其中,包括三个要点:通过国家强制,可以逐步把生产中非无产阶级的生产成员吸收到新的社会关系体系中来,改造成共产主义新人;这种"集中的暴力"部分也适用于内部,是使劳动人民进行自我组织和对自己实行强制纪律的国家;在无产阶级专政条件下实行劳动义务制和国家分配劳动力的办法,这表明整个机构已有较高程度的组织性。正是为了与这种指导思想相适应,1919年2月,在列宁主持下制定的党纲,要求把苏维埃国家变成一个经济整体,完全排除市场的自发调节作用,通过国家的行政强制组织生产和消费,简捷而直接地走向社会主义:"用一系列逐步而坚定的措施彻底消灭私人贸易,组织起统一的经济整体(苏维埃共和国应当成为这样一个整体)中各生产公社和消费公社之间的正确的和有计划的产品交换。"②

正是上述主观因素和客观因素的共同作用,形成了战时共产主义的体制。在指导思想上出现这些失误,并不是偶然的,主要是基于以下原因。

由于缺乏实践经验的检验和修正,列宁和布尔什维克暂时还不得不基本照搬科学社会主义创始人的某些一般原理,还没有能够在反复实践的基础上把它们和苏维埃俄国的特

---

① 〔苏〕列宁:《对布哈林〈过渡时期的经济〉一书的评论》,中共中央马克思恩格斯列宁斯大林著作编译局编译,人民出版社1976年版,第37页。
② 《列宁全集》第36卷,人民出版社1985年版,第82页。

《论粮食税》《论我国革命》精学导读

殊国情结合到一起。例如,过分夸大国有化的意义,就属于这种情况。《共产党宣言》和《社会主义从空想到科学》都强调:"无产阶级将利用自己的政治统治,一步一步地夺取资产阶级的全部资本,把一切生产工具集中在国家即组织成为统治阶级的无产阶级手里,并且尽可能快地增加生产力的总量。"[①]例如,把社会主义与商品市场截然对立起来,就属于这种情况。

  1918年春天,在列宁初步形成的关于建设社会主义的设想中,还没有从根本上解决思想上的内在矛盾,直接过渡的思想还暂时占据上风。在这一时期,列宁关于社会主义建设道路的设想几乎是两种思路、两种倾向的并存状态。一方面,他试图走直接过渡的道路,即拘泥于社会主义与商品市场截然对立的传统观念,主张借助于国家垄断制,排除私有制和私人贸易,由无产阶级国家直接组织生产和消费,从而直接走上社会主义建设道路。另一方面,他确实也有一些走间接过渡道路的新的探索。也就是说,列宁看到了俄国国情的特殊性,如经济文化如此落后、小生产的自发性如此广泛,很难一下子做到"全面的国家计算和监督"或国家垄断制,因此试图借助于国家资本主义这个特殊的中介环节,迂回地走向社会主义。这实际上是那一时期列宁理论中幻想的因素和现实的因素之间的内在矛盾。不过,相比较而言,前一种思想倾向毕竟还是暂时占了上

[①]《马克思恩格斯选集》第1卷,人民出版社1995年版,第293页。

第一章 从战时共产主义果断转向新经济政策道路

风,因为列宁当时提出利用国家资本主义原则,是从属于直接过渡道路的,是相信借助于这个梯子和王牌完全可以比较快地实现国家直接组织生产和分配这个目标。后来的许多研究者,为了强调列宁思想,尤其是1918年春天计划的成熟性、科学性、预见性,千方百计地讳言这种内在矛盾。然而,列宁本人的自我解剖,却极其坦诚地把这种矛盾状态和盘托出:"你们回想一下我们党从1917年底到1918年初所作的各种正式的和非正式的声明就可以发现,我们那时已认为,革命的发展、斗争的发展的道路,既可能是比较短的,也可能是漫长而艰辛的。但是,在估计可能的发展道路时,我们多半(我甚至不记得有什么例外)都是从直接过渡到社会主义建设这种设想出发的,这种设想也许不是每次都公开讲出来,但始终是心照不宣的。我特意重新翻阅了过去写的东西,例如1918年3、4月间所写的关于我国革命在社会主义建设方面的任务的文章,我确信当时我们真有过这样的设想。"[①]很难说当时列宁已经确立了新经济政策的基本原则,当时的基本原则是排除市场的国家垄断制,加上国家资本主义,而不是国家调节下的市场;因此,才在一定的外部条件下,合乎逻辑地引出了战时共产主义政策和极端集中的经济体制。

在实行战时共产主义政策的实际过程中,暂时的、表面的成功造成了某种政治幻觉和革命狂热,从而助长了指导思想中原有的那种幻想因素。在重重包围的战争环境下,加上十月革

[①]《列宁全集》第42卷,人民出版社1987年版,第219—220页。

命激起的革命热潮，靠国家行政命令强制维持的集权体制，似乎也可以正常运行，农民似乎可以接受余粮收集制，并提供越来越多的余粮。这种狭隘的实践经验和历史表象，很容易使人陷入政治上的"海市蜃楼"。同时，它很容易导致人们在理论认识中混淆一般与个别，好像只要借助国家政权的行政强制，再加上人们的革命激情，就可以使一个小农国家直接走向社会主义、共产主义。

二、国家垄断的战时经济体制

战时共产主义政策起初只是战时经济的个别政策，后来从1918年夏至1920年逐渐发展成为一整套政策，形成了一种国家垄断，一种极端集中的经济体制，这种经济体制具有以下五个基本特征。

1. 在所有制上，急于实行全盘国有化和国家垄断制

无产阶级国家要掌握国家经济命脉，逐步确立社会主义经济成分的主导地位，把那些关系国计民生的重大企业掌握到国家手中，这是走向社会主义最初阶段的必要步骤。但在战时共产主义政策时期，远远超出了这个必要的界限，一步一步地走向了大中小企业一律国有化，试图将整个工业（除了小手工业）

第一章 从战时共产主义果断转向新经济政策道路

全部国有制,建立包罗万象的国家垄断制。1918年6月,人民委员会颁布了大企业国有化的法令,要求对轻工业和重工业中的一切大企业、铁路运输企业、地方公用事业企业全部实行国有化,变为国有财产,由国家直接进行管理。在这一年有1500多个大型企业收归国有。1920年初,国有化政策推广到中型企业,国有企业增加到2500多个。1920年11月,进一步对小型企业实行国有化,范围扩大到5人以上拥有机械动力或10人以上没有机械动力的小型企业,国有企业激增至4500多个。但是,如何管理这些企业则成了一个大难题。

2. 在管理体制上,推行中央集权的"总局制"

整个国民经济的领导权归劳动国防委员会,进行管理的权力归最高国民经济委员会。同时,按照工业部门设置了一系列的总管理局,如石油工业总局、煤炭工业总局、化学工业总局等。这种总局截止到1918年秋天共有18个,到1920年底发展到52个。总局对企业实行垂直的集中领导,可不经过任何地方苏维埃的审批,直接给企业下达指令,规定生产计划、物资技术供应计划和产品分配计划;掌管企业的财政拨款;供应企业的原料和设备;负责企业产品的统一分配。总局把企业的产供销和人力、财力、物力管理权统统包揽下来,而企业则完全成了总局的附庸。这种管理体制被称作"总局制"。总局不是按市场的需要,而是按国家指令规定计划,向企业订货;企业也不是应市场需要进行生产,而只考虑完成国家订货。整个苏维埃俄国成了一个统一的大军营,大军工厂。

3. 在农村,对农民实行余粮收集制

在经济困难和战争环境下,上百万人的军队和大量城乡人口都迫切需要粮食。饥荒成了普遍现象,粮食问题成了迫在眉睫的首要经济问题,粮食战线成了仅次于前方战线的第二战线。1918年全年,国家只收购到不足 1 亿普特①的粮食,因此按照原先的实物税法令不能解决四下蔓延的饥荒。而没有粮食,整个军队、整个国民经济、整个苏维埃政权,势必会陷入瓦解状态。在这种巨大压力下,人民委员会在1919年1月通过了《关于在产粮省份收集归国家支配的粮食和饲料》的法令,以此为标志转而实行余粮收集制,要求农民必须把所有余粮全部上交国家。这种上交几乎是无偿的,贫困至极的国家只能象征性地付给当时已毫无购买力的纸币。强制收集的往往不仅仅是余粮,甚至包括农民生活必不可少的口粮。首先是对基本食品和主要农产品(粮、糖、菜、肉)实行国家垄断,禁止私人贸易。1919年 12 月,进一步把国家垄断的范围扩大到马铃薯和其他农产品。1920年3月,又颁布了《关于肉畜的义务供售》的法令,规定牲畜禁止出售,凡是饲养肉畜的农民,按规定向国家上交肉类。可以说几乎所有的农畜产品都实行了国家垄断,不许私

―――――――――――

① 1 普特≈16.38 千克。

第一章 从战时共产主义果断转向新经济政策道路

人贸易。尽管如此严令,还是有不少人私下出售粮食,只不过这样视为违法的投机活动会受到打击。当时许多富农拒不交出粮食,往往会受到没收全部财产的严厉打击。在摊派粮食收购任务时,规定要贯彻阶级原则,富农多收,中农酌量收,贫农不收,但实际执行中,却常常损害比较富裕的中农利益。当时虽尽量采用了说服教育的办法,但也不可避免地采用了大量行政强制的手段。那时国家组织了 8 万名城市工人组成了 2700 多支征粮队,建立了一支备有武装的征粮大军,对一切反抗国家垄断制和余粮收集制的农民进行了"十字军讨伐"(列宁语)。

4. 在分配上,实行平均主义的国家统一配给制

1919 年 2 月,列宁提出为了适应战争形势的需要,必须改变分配和供应制度,"从资产阶级合作社的供应和分配过渡到无产阶级共产主义的供应和分配"[①]。为此,同年 3 月人民委员会颁布了《关于消费公社的法令》。该法令规定,城乡的一切合作社、商业机构都必须合并为一个统一的分配机关——消费公社;当地所有居民一无例外地加入这个公社,到这个公社的分配站注册;全国上下所有的消费公社、分配站(商店)构成一个统一的分配网;一切人、一切食品、一切生活必需品,都由国家统一的分配网分配。1920 年 4 月,人民委员会又颁布了实行劳动口粮制的法令,按照劳动状况把居民分为三个级

---

① 《列宁全集》第 35 卷,人民出版社 1985 年版,第 461 页。

别，每天供应面包的标准是：第一类工人仅 1/3 磅①多一点；第二类职员就更少一点；第三类其他劳动者只有 1/16 磅。1920 年底，人民委员会规定，由国营的分配机构和合作社凭票证免费发给劳动者食品。后来这一办法又推广到燃料及其他日用品。在莫斯科和彼得格勒，为工人和职员建立了免费社会食堂网点。1921 年初，政府还规定国家职工的房租、水电、煤气、暖气等费用一律免收，在有些地方和单位实行了"吃饭不要钱"的制度，免费供应饮食。当然在物资极其匮乏的经济状况下，所谓"共产主义的供应和分配"，实际上只能是普遍贫困的平均主义，国家凭票证给居民分配工农业产品，都是些生活必需品，这种分配既是低标准的又是力求平均的。

5. 在经济联系中，用经济关系的实物化代替商品货币关系

1918 年 11 月，人民委员会颁布了《关于组织居民各种食品、个人消费品和日常用物品供应》的法令，规定对私营商业实行国有化，用国营和合作社的分配站代替私人商业网点，私人贸易完全被打入取消状态或非法状态。由于从生产、分配到流通、消费，都实行高度集中的国家垄断制，商品货币关系的作用被大大削弱了，经济联系的实物化倾向主要沿着两个方向发展起来。一方面，国家与企业、个人之间，绝大部分的企业和个人的社会劳动、社会产品，无偿或半无偿地集中到国家手

---

① 1 磅 ≈ 0.45 千克。

第一章 从战时共产主义果断转向新经济政策道路

中,包括用余粮收集制得来的粮食、总局制下取得的大量工业品,以及强制实行的劳动义务制、畜力运输义务制等。另一方面,国家掌握的粮食和工业品,大部分又无偿地调拨给军队和为战争服务的企业职工,用配给制的方式分给其他职工。个人工资只是象征性的,主要生活来源是凭票证取得的实物供应。严重的通货膨胀使得纸币急剧贬值,到 1920 年底,纸卢布只相当于 1918 年 7 月的 1/188,第一次世界大战前的 1/13000。货币在流通中的作用被大大削弱,并有被粮食、食盐等紧缺物品取代的趋向,似乎又将回到物物交换的原始状态。1920 年 10 月,人民委员会通过了《关于取消若干货币结算的法令》,规定燃料、住房、邮政、自来水等费用全部免收,货币作用进一步被削弱。在这种情况下,货币工资日益被实物工资取代,奖金制度也变成了实物奖励。经济关系的实物化、商品货币关系职能的弱化,是当时整个经济体制的重要特征。

战时共产主义政策作为一种经济体制,典型特征就是极端集中。按照比较经济体制的科学方法,经济活动可以分为三个层次:从宏观上来考察整个社会的经济活动;从中观上来考察企业(或合作社等劳动集体)的经济活动;从微观上来考察个人的经济活动。所谓极端集中的经济体制,就是国家对上述三个层次的经济活动全部加以集中控制。从宏观到中观再到微观,从社会到企业再到个人,全部由国家政权统一决策,中央集权的程度已经达到了高度集中的程度。这是一种极端集中的国家垄断制,几乎完全按照行政命令、行政强制来建立经济联系,对于商品货币关系采取了断然排斥的措施,市场机制的自然调节作用几乎趋向于完全取消。

三、过度集权的战时政治体制

我们之所以把"战时共产主义"称为"集权体制的最初雏形",还有一个重要的原因在于:在战时共产主义时期,不但在一定指导思想下形成了极端集中的经济体制,而且在一定指导思想下形成了与其相适应的高度集权的政治体制。这个问题在前人的研究中,包括苏联学者和西方比较经济体制学家(他们只注重经济体制)的著作中,还很少进行专门探讨,但是对研究当前我国的社会主义政治体制改革则具有重要指导意义。

苏维埃俄国的"无产阶级专政体系"或政治体制,是在独特的历史环境和创造活动中形成的。它犹如拥有两个源头的大江:一个源头是1905年革命中创造的、在1917年革命中起到关键作用的人民代表苏维埃民主制;另一个源头是19世纪90年代中期开始从不合法的地下小组成长起来的布尔什维克党民主集中制。问题在于,这两种政治体制如何在新的历史条件下正确结合起来。这里遇到的一个新的难题,就是如何正确处理无产阶级政党与苏维埃国家政权之间的关系问题。

在战时共产主义时期,布尔什维克在建构新的政治体制时,

第一章 从战时共产主义果断转向新经济政策道路

遇到了前所未有的三大难题:首先是缺少前人的历史经验,没有关于系统具体的社会主义新型国家和新型政体的学说;其次是苏维埃俄国经济文化相当落后,沙皇专制的长期统治造成民主传统严重缺乏;最后是重兵压境的内外交困处境,要求国家权力高度集中。正是在这种极端困难的形势下,苏维埃政治体制在战时共产主义时期走了一段弯路,或者说是从十月革命时期那种苏维埃新型民主制上的倒退,形成了某种过度集权的战时政治体制。这种战时政治体制的基本特点,主要表现在以下六个方面。

1. 从人民直接管理制转变为政党代表制

在从十月革命前到十月革命浪潮这段时间内,列宁和布尔什维克追求的政治理想始终是巴黎公社显示出的新型民主愿景——"通过人民自己实现的人民管理制"(马克思语),并且把苏维埃看作走向这种新型民主的良好形式。列宁曾经申明,苏维埃新型民主制"第一次着手使真正全体人民都学习管理,并且开始管理……我们的目的是要吸收全体贫民实际参加管理"[①]。他甚至较为具体地设想,每个劳动者每天"体力工作 6 小时+管理国家的工作 4 小时"[②]。在"夺取俄国"的革命浪潮中,苏维埃民主制确实孕育着这种人民直接管理制的可贵萌芽。但是,当问题转入"管

---

① 《列宁全集》第34卷,人民出版社1985年版,第183—184页。
② 《列宁全集》第34卷,人民出版社1985年版,第512页。

理俄国"、转入经济建设的常规发展时期,广大劳动者文化水平的落后成了民主管理中不可逾越的障碍。因此,在1919年3月召开的党的八大上,列宁第一次明确指出了在新的历史条件下用政党代表制取代人民管理制的历史必要性:"由于文化水平这样低,苏维埃虽然按党纲规定是通过劳动者来实行管理的机关,而实际上却是通过无产阶级先进阶层来为劳动者实行管理而不是通过劳动群众来实行管理的机关。"①后来,在同"民主集中派""工人反对派"论战过程中,列宁更为彻底、更为坦率地阐释了这一思想:"难道每个工人都知道如何管理国家吗?有实际经验的人都知道这是神话"②,"无产阶级专政不能直接由包括全体无产阶级的组织来实现。只有吸收了阶级的革命力量的先锋队,才能实现这种专政"③。由少数人组成的无产阶级政党代表人民管理国家,是这种政治体制的首要特征。

2. 从"一切权力归苏维埃"转变为"一切大权归政治局"

最高权力机关二重化问题的萌芽,也许在十月革命最初日子里就潜在地存在了。布尔什维克夺取政权的口号是"一切权力归苏维埃",1918年7月制定的第一部苏维埃宪法规定,全俄苏维埃代表大会是全俄最高权力机关,全俄执行委员会作为

---

① 《列宁全集》第36卷,人民出版社1985年版,第155页。
② 《列宁全集》第40卷,人民出版社1986年版,第252页。
③ 《列宁全集》第40卷,人民出版社1986年版,第200页。

第一章 从战时共产主义果断转向新经济政策道路

其常设机关是最高立法机关。但是，在夺取政权、巩固政权的战时危机形势下，往往需要无产阶级政党的领导高度集中，随时做出重大决策。1917年10月10日，在党中央委员会内部首次设立了政治局作为核心组织（也有人认为，这是斯大林后来编造的历史，其需要另外专门研究，这里暂且不论）。不过，在震撼世界的十月革命浪潮中，人民代表苏维埃在民主政治中起了主导作用，党中央、政治局只是在下面运筹帷幄。1919年，党的八大第一次对政治局与中央委员会的职权范围和从属关系作了如下规定：中央委员会至少每月在事先确定的日子里召开两次全体会议；一切非急需解决的最重要的政治问题和组织问题交中央委员会全体会议讨论；中央委员会设立政治局、组织局、书记处，其中政治局和组织局各由5名中央委员组成；政治局对不容拖延的问题作出决定，并且将自己两周内的全部工作情况定期向中央委员会全体会议报告。但是，由于中央委员们分别担任了各个地区、各个部门、各条战线的领导重任，在战争环境下中央委员会全体会议往往难以定期召开，因此虽然按照党章规定，党代表大会是党的最高权力机关，代表大会闭会期间中央委员会是最高领导机关，实际上政治局却成了常设的最高机关。列宁在各种场合曾多次坦率地描述过这种状况："最高一级，即政治局"[1]；"未经政治局同意不要作最后

---

[1]《列宁文稿》第9卷，人民出版社1979年版，第57页。

《论粮食税》《论我国革命》精学导读

决定"①;"政治局解决一切有关国际、国内政治的问题"②。这一时期还特别强调:"任何一个国家机关没有党中央的指示,都不得决定任何一个重大的政治问题或组织问题。"③党的政治局同人民代表苏维埃的关系发生了重大变化,政治局不仅成了实际上党的最高决策机关,而且成了实际上国家的最高决策机关。决策程序往往是首先由政治局直接作出决策,然后交各人民委员部去实施。在 1920 年召开的党的九大上,列宁生动具体地阐述了政治局总揽全局、包罗万象的职权范围:"这一年来政治局的工作,大部分都是随时解决一切有关政治的问题,即有关统一各苏维埃机关和党的机关以及一切工人阶级组织的行动,有关统一苏维埃共和国全部工作并努力指导这些工作的问题。"④虽然从来没有提出过"一切大权归政治局"这个口号,但这确实是当时政治体制中权力结构的现实状况。从形式上看,人民代表苏维埃仍然是最高权力机关,但实际上最高权力中枢已从人民代表苏维埃转到由 5 名中央委员组成的政治局手中。正如列宁自己坦率承认的,"这样一来,就成为最地道的'寡头政治'了"⑤。

---

① 《列宁文稿》第 9 卷,人民出版社 1979 年版,第 470 页。
② 《列宁全集》第 38 卷,人民出版社 1986 年版,第 267 页。
③ 《列宁全集》第 39 卷,人民出版社 1986 年版,第 27 页。
④ 《列宁全集》第 38 卷,人民出版社 1986 年版,第 267 页。
⑤ 《列宁选集》第 4 卷,人民出版社 1995 年版,第 157 页。

3. 由苏维埃民主选举制、罢免制转变为党的委任制

在十月革命后的最初阶段，列宁在阐述苏维埃政权的民主性质时，特别强调人民的自由选举权和罢免权，并且制定了专门的罢免权法令："最高国家政权是由以前受资本压迫的群众自由选出和随时都可以撤换的劳动人民（工人、士兵和农民）的代表组成的苏维埃"①，"每个农民既能选派代表参加苏维埃，又可罢免他们，苏维埃的真正人民性就在这里"②。但是，在战时共产主义时期，却用党的委任制代替了人民的选举制和罢免制，由党的上级机关直接向党的下级组织、国家机关、苏维埃、军队、工会委派干部。列宁曾如实地描述过党中央政治局、组织局在委任干部方面的权限：中央委员会拥有巨大的权力，具有极大的潜力。其负责分配 20 万～40 万党的工作人员的工作，并且通过他们来分配千百万非党人员的工作。在辩论工会问题时，列宁指出当时以这种党的委任制暂时代替民主选举制的必要性："据我的理解，必须接受的人选将在党中央的领导下提出……在工人当中谁来参加管理呢？整个俄国只有几千个人。如果我们说，不是党而是工会自己来提人选和进行管理，这听起来很民主，可能也会争取到一些选票，但是不会长久。这只会葬送无产阶级专政。"③在战争环境和人们文化

---

① 《列宁全集》第 34 卷，人民出版社 1985 年版，第 448 页。
② 《列宁全集》第 33 卷，人民出版社 1985 年版，第 107 页。
③ 《列宁全集》第 40 卷，人民出版社 1986 年版，第 252—253 页。

水平落后的背景下，这种转变在很大程度上是迫不得已的，但是这种委任制的到处盛行，在一定程度上确实削弱了人民的民主权利。

4. 从工人群众直接监督管理企业转变为国家管理企业

列宁原来设想的实现社会主义的两个步骤，是由工人监督企业，进而发展到工人管理企业。但是，由于受战争环境的影响，加之工人群众缺少管理经验，因此不得不由国家直接管理企业。在实行"总局制"之后，企业领导人完全由上面指派，企业管理权彻底地转交给了国家机关。工人群众直接管理基层经济的直接民主权暂时中断。

5. 从独立的人民监督权转变为从属于国家监察机构

在十月革命后的最初阶段，政府颁布了工人监督条例，要求成立全俄工人监督委员会，作为最高工人监督机关，与组织国民经济的其他国家机关是平行的、相互协调的关系。它不隶属于任何国家监察机关，并可独立地行使"罢免权，即真正的监督权"[1]。1920年1月，在国家监察人民委员部的隶属下，设立了工农检查院。工人监督机关不仅在形式上降格了，而且实际拥有的权限也下降了。

---

[1]《列宁全集》第33卷，人民出版社1985年版，第106页。

6. 从强调革命法制转变为赋予肃反委员会以特殊权力

从十月革命的最初时刻起，列宁就领导党和苏维埃政权为确立革命法制而斗争。列宁本人曾在喀山大学专攻过法律，并通过自修通晓了法学的专门知识。但是，在战争局势十分严峻、内部破坏活动极其猖獗的非常形势下，成立了以捷尔任斯基为首的全俄肃反委员会。1918年9月，在反革命恐怖分子活动猖狂，列宁、乌里茨基等人连续遭到暗害的紧急状态下，全俄中央执行委员会宣布整个苏维埃共和国为军营，决定实行非常措施，并由全俄肃反委员会贯彻执行。全俄肃反委员会被特许可以不经过法院法庭和国家司法机关的正常法律程序，而行使审讯权、逮捕权，甚至枪决权。它受人民委员会和全俄中央执行委员会的垂直领导，实际上也受党的垂直领导。当时党的委员会往往直接介入和干预全俄肃反委员会与司法机关的工作，按规定它可以为被捕的人作保，有权参加审讯。直至1921年6月俄共（布）中央原先起草的关于党的机关与司法侦查机关相互关系的通告，仍然反映了战时共产主义时期的历史状况：不经地方党委的同意，国家司法机关不能对共产党员进行审判，在有党委会委托的人作保的情况下，司法机关必须将受审的共产党员交保释放；党委会必须在了解案情后3日内就案件的实质做出结论，从而使党委会的决定成为党对法庭的指示和预定审判的结果。后来，在列宁的亲自干预下，这种破坏法制的情况才得到扭转。

由此可见，苏维埃新型民主的政治体制在战时共产主义时期发生了一定程度的变形,走了一段曲折的弯路,形成了一种权力高度集中的战时政治体制。按照列宁和布尔什维克的理论设想,苏维埃民主制应当继承并超越议会制的资产阶级发达民主,克服立法权与执法权的分立,实现二者的有机统一。但是,党和国家政权的关系在原有理论设想与1918年的第一部宪法中都没有明确解决,而在战时共产主义时期,占主导地位的苏维埃民主政治在很大程度上让位于政党政治。最终结果是,无产阶级执政党实现了新的意义上的"三权合一":不仅是传统意义上的立法权、执法权、司法权的统一,而且是领导权、立法—执法权、再加上部分司法权的统一。

这种权力高度集中的战时政治体制,同样是主客观因素的双重产物。首先,它是迫于战争形势而实行的临时政体。整个苏维埃共和国相当于一个被重重围困的军事要塞,经济凋敝,文明破坏,阴谋迭起,内外交困,很难实行充分的民主,而必须把权力集中到无产阶级政党手中,集中到政治局这样的领袖集团手中。另外,它也是指导思想上出现一些失误的历史产物。由于缺少足够的实践经验,列宁和布尔什维克还没有完全从理论上正确解决无产阶级执政党自身的民主化问题、发展新型民主的特殊规律和现实途径问题、党与国家政权之间的关系问题、党领导国家的正确途径和正确方式问题。在一定程度上,当时已经产生了权力集中、民主受阻、党政不分、以党代政的苗头。正如列宁后来指出的:"在我们党同苏维埃机构之间形成了一种不正常的关系,这一点是我们一致承认的。"①这种权力的高度集中,使人民群众的直接民主权利受到极大限制。

一些在国内外有影响的学术著作,包括一些较有影响的马克思主义学术著作因此断言,列宁是一党专政、以党代政的苏联模式、政治体制的始作俑者、真正源头。事实上,这种说法并不科学,而是似是而非的历史表象:列宁当时的有些言行,似乎可以做出那种解释;但实质上却并非如此,那只是战争时期的战时体制,是非常时期的非常举措,是不得已而为之的,多半列宁当时就指出了这一点。

四、成功的政策和失败的模式
——战时共产主义历史定位二重性

战时共产主义的历史作用和社会后果也是双重的。在这里,有必要区分出两个不同概念——"战时共产主义政策"和"战时共产主义道路",下文将分别评价它们的功过是非。

作为应付战争环境的应急措施,战时共产主义政策取得了巨大的成功。首先,战时共产主义政策尤其是余粮收集制,保证了百万红军和城市人口的粮食供应。在三年时间里,第一年收集余粮5000万普特,第二年收集余粮1亿普特,第三年收集余粮2亿普特。其次,战时共产主义政策建立起一种

---

① 《列宁全集》第43卷,人民出版社1987年版,第110页。

集中划一的战时经济,把仅有的一点工业资源、工业设备、工业产品,最大限度地集中起来,保证了战争前线的胜利。最后,战时共产主义政策建立了一种高度统一的政治体制,把全国变成了一个大军营,令行禁止,整齐划一,上上下下,同仇敌忾。试想,没有经济上和政治上、人力上和物力上的这种高度集中、高度统一,一个刚刚诞生的落后国家怎么对付得了14个帝国主义列强形成的铁壁合围?正如列宁所指出的,战时共产主义政策是一种英勇的创举,具有不可磨灭的历史性功绩。

然而,战时共产主义作为小农国家探索建设社会主义的一条道路,作为社会主义的一种经济模式,作为一种经济和政治体制来说,又是不成功的,是走向灾难和危机之路。这里的问题不在于当时战争形势下采取了战时共产主义政策,而在于指导思想上存在着一种倾向:企图在理论上把这种特殊条件下形成的特殊政策加以普遍化,把这种窘迫状态下采取的临时措施加以理想化,并试图把这种集中划一的经济政治措施加以凝固化。事实上,不是别人,正是列宁最早且最坦率地指出了战时共产主义在指导思想上出现了一些失误,毫不隐晦地点明了它是探索社会主义建设道路上的迷途岔道。他要求将其上升到理论高度,来剖析产生失误的认识根源和历史根源:"我们计划(说我们计划欠周地设想也许较确切)用无产阶级国家直接下命令

第一章 从战时共产主义果断转向新经济政策道路

的办法在一个小农国家里按共产主义原则来调整国家的产品生产和分配。现实生活说明我们错了。"[1]

如果我们今天对战时共产主义体制和道路进行重新思索,对列宁从指导思想上总结的历史教训做出理论升华的话,那么应当指出,问题出在对社会主义的根本理解上面,在指导思想上还包含着某些空想因素,脱离了小农国家刚刚走上社会主义道路的现实。正是指导思想中的这些空想因素和战时共产主义政策,势必会产生某种一拍即合的耦合效应,错误地把这种战时应急体制当作社会主义的理想模式,企图把战时共产主义体制加以普遍化、理想化、凝固化。

实践结果也充分证实了战时共产主义的历史作用具有二重性:它保证了战争的胜利,却不能保证在和平时期使社会主义建设驶入正轨;相反,它造成了自身难以摆脱的严重危机。在三年内战的非常时期,战时共产主义的积极作用是主要方面,它的消极影响暂时被抑制着、掩盖着;而当战争一旦结束,这种战时体制的种种弊端就会暴露无遗,它的积极作用则会化为泡影。1920年11月,战胜了帝国主义最后一个傀儡——弗兰格尔的反革命叛乱,出现了从战争走向和平的重大转机。战争虽然结束了,但由于指导思想上还没有马上实现相应的转变,战时共产主义还在继续推向高潮。因此,1921年春天,正是在从战争到和平的转变关头,爆发了相继而来的三大危机——农

---

[1]《列宁全集》第42卷,人民出版社1987年版,第176页。

民危机、工业危机、政治危机，把战时共产主义体制和道路所潜藏的问题一览无余地暴露出来了。

1. 首先爆发的是农民危机

在三年战争时期，农民交出了 3.5 亿普特的粮食得到的却是一些毫无价值的纸币，实际上是被苏维埃政权强行借粮索粮。支撑着工农之间这种政治联盟、军事联盟的支柱，主要是农民在十月革命中得到土地的翻身感、希望苏维埃政权能保护自己土地的信任感、相信苏维埃政权能保障他们将来过上好日子的信赖感。但是，农民的支持和忍耐是暂时的，也是有限度的，因为强行收走余粮甚至口粮损害了他们的切身利益，完全禁止自由贸易更违背了俄罗斯小农的天然经济本性。因此，即使是战时共产主义最为盛行的时候，农民特别是中农和富农中间也酝酿着不满情绪，采取消极反抗的形式。这种消极反抗形式主要有三种。①瞒产私藏。据苏维埃俄国中央统计局统计，1920 年农民隐瞒的实际种植面积超过了 2000 万俄亩，占种植总面积的 14%，隐瞒的收获量占粮食产量的 33%。在中部的一些产粮省份，有近一半的村庄存在瞒产私藏的现象。②私下贸易。按照法令禁止粮食自由贸易，但实际上却是禁而不止，有半数左右的农民，参与了粮食走私贸易活动。1918 年的统计数据，粮食走私运入城市的数量约占谷物供应的一半。1920 年，莫斯科等 7 个地区中，参加买卖粮食的农民占 45%。这一年私人贸易流转额达 83 700

第一章　从战时共产主义果断转向新经济政策道路

万战前卢布,占国家商品流转额的 44%,其中 3/4 是农产品。③消极怠工。强制征购使农民感到种植粮食无利可图,生产积极性受到极大的挫伤,农业生产出现了日渐萎缩的趋势,好多农民干脆少种地,甚至不种地。与战前的 1913 年相比,1921 年播种面积减少了 2000 万俄亩,1920 年粮食产量已减少到 1913 年的 45%。在这种情况下,苏维埃不得不面临着一次特大饥荒。如果说在战争状态下,农民的不满情绪郁积着、增长着,那么在转向和平的 1921 年春天,在还没有见到余粮收集制终结的情况下,农民的不满情绪转变成了绝望情绪,消极对抗变成了积极反抗,最终酿成了相当普遍的农民暴动。而带头暴动的往往是富农,但也有一些中农参加。据统计,农民暴动遍及 33 个省,多达 100 多股,人数达到 3 万人。如果没有政策的根本转变,农民暴动的浪潮势必会进一步蔓延。农民的动荡,动摇的是苏维埃政权的主要基石。农民危机,是威胁苏维埃政权生命线的致命危机。

2. 接踵而来的是工业危机

农民危机不是孤立出现的,在一个小农国家里它势必会引起连锁反应、全局动荡。从 1921 年春天开始,燃料危机、运输危机,乃至于整个工业危机接连发生。除了农民危机的外部诱发原因之外,工业危机还有其更为深刻的内在根据。极度集中的国家垄断制、总局管理制是根本不适应工业经济正常发展的。

在战争环境下,全部工业经济体系完全服从于整个战争机器,靠着行政命令的外力推动,在战争的巨大压力下超常运转。实际上,即使在当时也是问题重重、危机四伏:管理混乱,无人负责;纪律松弛,普遍怠工;设备损坏,浪费惊人;开工不足,亏损严重。而在从战争环境转向和平环境的急剧转折中,摆脱战争巨大压力的强烈失重感,战时共产主义经济体制的严重后遗症,再加上对新经济政策骤然实行的不适应,成了一并爆发的综合征,使原有工业经济体系中的内部潜在危机一下子表面化了,整个工业生产似乎一下子失去了动力而陷入瘫痪状态。

整个工业危机的导火线是燃料危机。当时,顿巴斯的煤矿、巴库的油田遭到了严重的破坏,与战前正常时期相比,煤减产了2/3,石油减产了 3/5。煤炭、石油、木材的供应严重不足,造成了许多企业无法开工,甚至城市居民取暖也无法保证,人们饱尝饥寒交迫的痛苦。同时,燃料危机又连带着引发了运输危机。当时有1700俄里①的铁路、3000多座桥梁遭到严重破坏,无法修复;大部分火车机车和车厢损坏严重,勉强运行,加之缺少煤炭、木柴,更使许多机车熄火,铁路停运。1921年2月初,完全停运的铁路多达 11 条。整个苏维埃工业经济,面临着全线崩溃的严重危机。产业工人减少了一大半,或者抽调到前线打仗,或者到农村自谋生路。更为严重的是,许多留在工厂的工人实际上丧失了阶级性,往往私下里生产打火机一类的小

---

① 1 俄里 ≈ 1.0688 千米。

商品,以便到自由市场上去换取粮食。与战前的 1913 年相比,1920 年的工业产值仅达到战前的 14.0%,作为国家经济命脉的大工业甚至只达到战前的 12.8%,生铁产量则只达到战前的 3.0%。在燃料危机、运输危机的连续打击下,本来就已岌岌可危的工业经济,还在往下坡道上猛滑。

3. 最后是作为经济危机并发症的政治危机

1921 年春天,还爆发了严重的政治危机。这种政治危机的根源是双重的:一方面源于经济体制的危机,另一方面源于高度集权的政治体制的内在矛盾。政治危机的典型表现是工会争论和喀琅施塔得武装暴乱。前一事件发生在布尔什维克党内的上层,是政治体制内在矛盾的一个缩影。在 1920 年和 1921 年相交之际,在从战争转向和平的紧要关头,在危机重重、百废待兴的关键时刻,全党上下却在工会问题上争得不可开交。这一争论犹如一面镜子,映现出在高度集权的政治体制下必然存在的三种基本倾向。托洛茨基并不是像通常所说的那样"别有用心""存心破坏",他只不过是代表了一种继续原有战时体制的惯性力量,反映出权力集中化的官僚主义趋势。他要求推行"工会的国家化",要求进一步"拧紧螺丝",用战时共产主义时期搞军事和国家行政命令的方式来管理工会。"民主集中派""工人反对派"则代表了与此对立的、要求权力分散化的倾向。这一方面反映了工人群众反对集权化、要求民主化的倾向,另

《论粮食税》《论我国革命》精学导读

一方面则更多地反映了小资产阶级包围下无政府主义自发倾向。在工人阶级队伍涣散、严重丧失阶级性的情况下，他们不合时宜地提出"国家工会化"的口号，以削弱党的中坚领导作用。列宁、鲁祖塔克等人代表了第三种倾向，即在保证无产阶级政党领导地位的前提下，让工会成为学习管理的学校，有领导地、有步骤地走向民主化。政治局和中央委员会的主要成员，几乎全部卷入了公开论战的激流旋涡之中。继《布列斯特和约》争论之后，列宁再度处于少数地位，最后不得不诉诸全党投票表决。

政治危机的后一事件是在党外和下层，1921年3月喀琅施塔得海军发生武装暴动，实际上是农民危机的政治表现。喀琅施塔得是圣彼得堡的军港，处于咽喉要地，位置至关重要。驻守在这里的海军在十月革命中起了关键作用，被誉为"十月的骄傲"。在内战时期，优秀的老海军大都赶赴前线，而新补充进来的大多是未经过政治训练的农民。这支海军队伍实际上是刚穿上军装的农民队伍。反革命叛乱头目提出了"贸易自由、党派自由、选举自由"等口号以争取人心，并且把"政权归苏维埃，不归党派"，"要苏维埃，不要布尔什维克"作为政治纲领。在危机重重的严峻形势下，布尔什维克面临的是"干柴遍地藏"的处境。如果武装暴乱再引发连锁反应，最终后果将不堪设想。在十万危急的情况下，不得不从正在召开的党的十大代表中抽调几百名代表，组建一支特殊的军队，督阵作战，才及时平息了这场武装叛乱。

第一章 从战时共产主义果断转向新经济政策道路

综上，1921年春天，刚刚诞生的苏维埃政权面临着空前严重的全面危机，经历着它有史以来的最为严峻的考验。危机之深刻，失败之惨重，形势之危难，甚至超过了1918年兵临城下签订《布列斯特和约》的时刻，超过了三年战争时期任何一次严重的军事挫折。正如列宁毫不夸大地指出的，由于企图过渡到共产主义，到1921年春天，在经济战线上遭受了惨重的失败，这次失败比高尔察克、邓尼金使我们遭受的任何失败，都要严重得多、危险得多。

接连发生的这一系列危机，绝不是偶然的巧合。它向列宁和布尔什维克发出了紧急制动的危险信号：在战争转向和平的新形势下，必须立即终止战时共产主义政策。它向列宁和布尔什维克指明了历史发展的必由之路：战时共产主义体制不是建设社会主义的正确道路，必须重新探索经济政策。

第二章 《论粮食税》的基本思想

——五个部分的重要内容

1921年春天，以《论粮食税》为标志，开始新经济政策初期的国家政策改革的阶段。

在这种紧急时刻，列宁以唯物辩证法为理论依据，结合俄国实际，采取了一系列新办法，首先是抓住最紧迫的一个关键环节，实行国家政策的改革创新——从战时共产主义的余粮征集制转向新经济政策的粮食税。1921年2月8日，列宁在俄共（布）中央政治局会议上草拟的《农民问题提纲初稿》，生动记录了这个历史转变契机。

1921年3月15日，俄共（布）第十次代表大会通过决议，以实物税代替余粮收集制。列宁在《关于以实物税代替余粮收集制的报告》中，开门见山地指出，这项新经济政策的实质是政治问题，即无产阶级专政的工人阶级同广大农民阶级联合的头等问题。

> 同志们，关于以实物税代替余粮收集制的问题，首先而且主要是一个政治问题，因为这个问题的本质在于工人阶级如何对待农民。提出这个问题就意

第二章 《论粮食税》的基本思想

味着我们必须对这两个主要阶级之间的关系（这两个阶级之间的斗争或妥协决定着我国整个革命的命运）作新的、也许可以说是更慎重更精确的补充考察，并且作一定的修正。

毫无疑问，在一个小农生产者占人口大多数的国家里，实行社会主义革命必须通过一系列特殊的过渡办法，这些办法在工农业雇佣工人占大多数的发达的资本主义国家里，是完全不需要采用的。

另一个条件，就是实现自己专政的或者说掌握国家政权的无产阶级和大多数农民之间达成妥协。妥协，这是个很广泛的概念，它包含着一系列的措施和过渡办法。这里必须指出，我们应当在我们的全部宣传和鼓动工作中开诚布公地提出问题。有些人把政治理解为略施小计，有时甚至看作和欺骗差不多，这种人在我们当中应当受到最坚决的斥责。必须纠正他们的错误。阶级是欺骗不了的。①

正是在这份报告中，列宁一针见血地点出问题最深层的实质，实际上是打破国家垄断制。

为什么我们需要以实物税来代替余粮收集制呢？余粮收集制是以征收所有的余粮，建立强制性的国家垄断制为前提的。当时我们不可能有其他的办法，因为我们处于极端贫困的状态。在理论上，不一定要认为国家垄断制从社会主义观点看来是最好的

---

① 《列宁全集》第41卷，人民出版社1986年版，第50—51页。

《论粮食税》《论我国革命》精学导读

办法。在一个拥有工业、而且工业正在进行生产的农民国家里,如果有一定数量的商品,那是可以采用实物税和自由流转的制度作为一种过渡办法的。①

1921年4月21日,列宁在《论粮食税》中,第一次试图从理论高度阐明新经济政策的实质,该文的副标题揭示了问题的实质——国家政策的改革创新——《新政策的意义及其条件》。

> 但同样必须知道这个功劳的真正限度。"战时共产主义"是战争和经济破坏迫使我们实行的。它不是而且也不能是一项适应无产阶级经济任务的政策。它是一种临时的办法。在小农国家内实现本阶级专政的无产阶级,其正确政策是要用农民所必需的工业品去换取粮食。只有这样的粮食政策才能适应无产阶级的任务,只有这样的粮食政策才能巩固社会主义的基础,才能使社会主义取得完全的胜利。
> 那该怎么办呢?或者是试图完全禁止、堵塞一切私人的非国营的交换的发展,即商业的发展,即资本主义的发展,而这种发展在有千百万小生产者存在的条件下是不可避免的。一个政党要是试行这样的政策,那它就是在干蠢事,就是自杀。说它在干蠢事,是因为这种政策在经济上行不通;说它在自杀,是因为试行这类政策的政党,必然会遭到失败。
> 苏维埃国家即无产阶级专政能不能同国家资本主义结合、联合和并存呢?

---

① 《列宁全集》第41卷,人民出版社1986年版,第63页。

第二章 《论粮食税》的基本思想

当然能够。我在1918年5月就反复论证过这一点，并且我相信在1918年5月就已经证明了这一点。此外，当时我还证明说，与小私有者的（小宗法式的和小资产阶级的）自发势力比较，国家资本主义是一个进步。现在有些人犯了很多错误，就是因为他们只把国家资本主义同社会主义相对照或相比较，而在当前的政治经济情况下，也应该把国家资本主义同小资产阶级生产作一番比较。

全部问题，无论是理论上的还是实践上的问题，在于找出正确的方法，即应当怎样把不可避免的（在一定程度上和在一定期限内不可避免的）资本主义的发展纳入国家资本主义的轨道，靠什么条件来做成这件事，怎样保证在不久的将来把国家资本主义变成社会主义。①

下文将简要介绍《论粮食税》的文本结构与基本内容。为了便于读者从总体上进行把握，笔者首先列出这篇文献的总体结构，其次循序渐进地阐述五个部分的内容：①转向新经济政策的历史背景与思想主旨——落后俄国通过国家资本主义走向社会主义；②实行新经济政策的基本依据——五层次经济结构的基本国情；③新经济政策实质——国家资本主义四种形式；④新经济政策的政治意义；⑤实行新经济政策的三大要素。

下面，让我们走进这篇历史文献的内部，努力接近列宁当年写作的基本思路，逐层深入地把握这篇文献的基本内容。

---

① 《列宁全集》第41卷，人民出版社1986年版，第208—211页。

1. 通过国家资本主义桥梁走向社会主义——转向新经济政策的历史背景与特殊意义

《论粮食税》的副标题为《新政策的意义及其条件》。

《论粮食税》的开头很简短，简单明了地提出了问题：就是粮食税这一新经济政策，已经成了"我们政策的主要问题"，必须弄清楚这一重大转变的"整个基本背景"。

文章开头，也阐明了新经济政策的特殊历史意义在于，借助国家资本主义这个特殊的中介，使落后俄国逐步迂回地走向社会主义。

2. 俄国五层次经济结构——最基本的国情特点

为了回答转向新经济政策的主要历史背景，列宁没有直接从分析时事政治的急剧变化入手，而是把笔锋一转，大段引证了1918年春天写的《论"左派"幼稚性和小资产阶级性》的内容，借以说明落后俄国的基本国情是不仅存在"四世同堂"，甚至存在五层阶梯式的经济结构，因此不可能一步登天式地直接走向社会主义经济制度，必须借助国家资本主义这个特殊中间阶梯：

俄国现有各种社会经济结构成分究竟是怎样的。问题的全部关键就在这里。

现在我们把这些成分列举如下：

（1）宗法式的，即在很大程度上属于自然经济

的农民经济;

(2) 小商品生产（这里包括大多数出卖粮食的农民）;

(3) 私人资本主义;

(4) 国家资本主义;

(5) 社会主义。

俄国幅员如此辽阔，情况如此复杂，社会经济结构中的所有这些不同的类型都互相错综地交织在一起。特点就在这里。

试问，占优势的是哪些成分呢？显然，在一个小农国家内，占优势而且不能不占优势的是小资产阶级自发势力，因为大多数甚至绝大多数耕作者都是小商品生产者。在我国，投机商时此时彼地破坏国家资本主义的外壳（粮食垄断，受监督的企业主和商人，资产阶级合作社工作者），而投机活动的主要对象是粮食。①

3. 新经济政策实质与国家资本主义四种形式——租让制、合作制、代购代销制、租赁制

那么，粮食税、新经济政策的实质是什么？

1921年春天，列宁的认识虽然还不够深入，但他的思想锋芒已经触及这个问题，试图通过商品交换，以市场为基础，作为落后小农国家——俄国走向社会主义的特殊道路:

---

① 《列宁全集》第41卷，人民出版社1986年版，第196页。

《论粮食税》《论我国革命》精学导读

粮食税,是从极度贫困、经济破坏和战争迫使我们所实行的特殊的"战时共产主义"向正常的社会主义的产品交换过渡的一种形式。而正常的社会主义的产品交换,又是从带有小农占人口多数所造成的种种特点的社会主义向共产主义过渡的一种形式。

试图完全禁止、堵塞一切私人的非国营的交换的发展,即商业的发展,即资本主义的发展,而这种发展在有千百万小生产者存在的条件下是不可避免的。一个政党要是试行这样的政策,那它就是在干蠢事,就是自杀。说它在干蠢事,是因为这种政策在经济上行不通;说它在自杀,是因为试行这类政策的政党,必然会遭到失败。①

为了走上这样一条特殊道路,列宁列举出了国家资本主义的四种形式,即租让制、合作制、代购代销制、租赁制。

我们把国家资本主义的两种形式——租让和合作社比较一下。租让的基础是大机器工业,合作社的基础则是手工的、部分甚至是宗法式的小生产。

再拿国家资本主义的第三种形式来说。国家把作为商人的资本家吸引过来,付给他们一定的佣金,由他们来销售国家的产品和收购小生产者的产品。第四种形式就是:国家把国有的企业或油田、林区、土地等租给企业资本家,而且租借合同与租让合同极为相似。②

---

① 《列宁全集》第41卷,人民出版社1986年版,第208、210页。
② 《列宁全集》第41卷,人民出版社1986年版,第214—215页。

第二章 《论粮食税》的基本思想

4. 政治总结和结论——新经济政策的政治意义

实行新经济政策不仅是经济政策的重大调整，而且有重大的政治意义，乃是巩固无产阶级专政国家政权及推进国家制度改革创新的重大举措。

5. 总结概括新经济政策三大要素——粮食税、自由贸易、国家资本主义

从余粮收集制转向粮食税——这是实行新经济政策的起点。

实行自由贸易、商品关系——这是新经济政策的途径。

通过国家资本主义的特殊途径、特殊道路，让落后的小农国家俄国逐步走向社会主义——这是实行新经济政策的目的。

第三章　新经济政策道路的实质

——回到列宁的定义上来

在危机重重的紧要关头，列宁和布尔什维克并没有惊慌失措，他们果断地调转船头，拨正航向，在1921年初的短短几个月里，就基本上实现了从战时共产主义向新经济政策的重大转变。这一转变过程，充分显示出了列宁思想的真正本色，他善于把握时代的脉搏，结合俄国实际，倾听广大群众尤其是普通农民的呼声。在这一转变过程中，也充分显示出了列宁辩证思维的显著特征，就是在历史长河的激流转变之中，理论思维保持着巨大的灵活性、历史性、具体性，且不拘泥于任何抽象的理论公式。

对于新经济政策，我们同样需要从多重视角加以考察，或者说至少可以从中区分出三个层次：①作为具体政策的新经济政策；②作为经济模式的"新经济政策体制"；③作为一条社会主义建设道路的"新经济政策道路"。

为了在理论思维中做出这种区分，必须善于透过具体政策，把握贯穿新经济政策深层的基本原则和实质之点。

第三章 新经济政策道路的实质

一、歧义重重的种种解释
——苏联模式下长期固守的斯大林定义

新经济政策的实质和根本点是什么这个问题，是一个至今仍没有得到很好解决的理论问题。

直至 1925 年召开的苏共（布）第十四次代表大会上，斯大林才迟迟提出了关于新经济政策的第一次著名定义。他认为，新经济政策的主要着眼点，是社会主义和资本主义斗争的新形式，是无产阶级国家在这一斗争中采取的特殊政策。他说："新经济政策是无产阶级国家所采取的一种特殊政策，它预计到在经济命脉掌握在无产阶级国家手中的条件下容许资本主义存在，预计到资本主义成分同社会主义成分的斗争，预计到社会主义成分的作用日益增长而资本主义成分的作用日益削弱，预计到社会主义成分战胜资本主义成分，预计到消灭阶级和建立社会主义的经济基础。"[①]他强调，这就是新经济政策的过渡性即两重性。从斯大林的定义可以看出，新经济政策是一个发展过程，只不过他的理解归根结底还是较为狭义的，并没有真正抓住新经济政策的实质与精髓。若仅从这种狭义的视角来看待列宁的新经济政策，必然会低估它的深远意义。

---

① 《斯大林全集》第 7 卷，人民出版社 1958 年版，第 302—303 页。

20世纪30年代，斯大林主持编纂了《苏联共产党（布）历史简明教程》，把这一思想倾向发挥得更为明显，认为新经济政策的实质在于，借助"暂时的退却"以准备力量，以便向资本主义展开新的进攻。①新经济政策在本质上可看作一种被迫实行退却的权宜之计。

直至20世纪五六十年代波诺马廖夫主编的《苏联共产党历史》一书，对新经济政策实质的理解，依然没有根本突破斯大林时期的狭隘理论框架。他一方面引用列宁的话来说明新经济政策的实质在于工农联盟，另一方面则依然重复这是一种"暂时退却的策略"②。

在20世纪六七十年代的全苏讨论中，出现了一些个别的新见解。在这方面有所创新的是根基娜，她提出，虽然列宁在1921—1923年的几乎所有著作，在某种程度上都是论述新经济政策的内容、实质、任务和意义，但在这些著作中却找不到一个完备的、一次完成的新经济政策定义，列宁每次都是论述新经济政策的某个方面，扩展并丰富对这一政策实质的理解。不过，她认为，列宁对新经济政策的解释，大体上可以归结为三个基本点的统一。新经济政策是无产阶级国家在从资本主义到社会主义的过渡时期的经济政策，其中包括三个基本点——工农联盟、商品货

---

① 联共（布）中央特设委员会编：《苏联共产党（布）历史简明教程》，人民出版社1954年版，第340页。

② 〔苏〕波诺马廖夫主编：《苏联共产党历史》，中共中央马克思恩格斯列宁斯大林著作编译局编译，人民出版社1960年版，第367页。

第三章　新经济政策道路的实质

币关系、国家资本主义。①苏共中央直属马克思列宁主义研究院主编的《苏共实行新经济政策的历史经验》一书，大体上也持类似的观点，只是第二点和第三点的顺序稍有颠倒。②

20世纪80年代初，波利亚可夫主编的《新经济政策——探讨与实行》一书，认为新经济政策是从多种经济成分的经济走向社会主义经济的道路。这一政策最重要的原则是：①在国民经济恢复和国家工业化进程中阐明社会主义成分的主导作用并保证它的不断增强；②巩固工人阶级同劳动农民之间的经济联盟，发展合作化运动，作为把农民引向社会主义的宽广大道；③暂时容许资本主义成分，限制它并消灭它。③

应当说，20世纪七八十年代苏联学术界对新经济政策实质的认识是有深化的，开始注意到新经济政策中包含的多种要素，以及新经济政策的多方面性；不过，自始至终他们的理论视野并没有完全突破斯大林的狭义理解，并没有从根本上超越20世纪30年代的水平。

与此相应，西方资产阶级学术界的某些研究者，则基本上重复了第二国际理论家奥托·鲍威尔关于新经济政策的看法。鲍威尔的观点主要是：新经济政策是一种"独特的混合的经济

---

① 〔苏〕根基娜：《列宁的国务活动（1921—1923）》，梅明译，中国人民大学出版社1982年版，第208页。
② 苏共中央直属马克思列宁主义研究院主编：《苏共实行新经济政策的历史经验》，莫斯科政治书籍出版社1972年版，第53—66页。
③ 〔苏〕波利亚可夫主编：《新经济政策——探讨与实行》，莫斯科国家政治书籍出版社1982年俄文版，第55、62页。

《论粮食税》《论我国革命》精学导读

形态"①,新经济政策的实践就是"资本主义经济的重建"②。

一部分西方学者认为,新经济政策是一种包含多种经济成分的混合经济模式,是私人和国家两种经济成分之间稳定与互利的经济配置。例如,美国经济学家彼·班德拉、柯·兰达威尔、右派社会党人洛拉,在20世纪60年代都持这种看法。

还有一些西方学者认为,新经济政策实际上是"回到资本主义去"。从战时共产主义过渡到新经济政策,表明布尔什维克"社会主义试验"和"计划空想"的完全破产,共产主义理论与经济现实产生了尖锐冲突,从而不得不向资本主义原则做范围甚广的让步,并转而采用资本主义经营方式。联邦德国学者沙恩多尔弗、英国学者卡尔、美国学者詹姆斯·麦克唐纳和沙皮尔等人,均持这种看法。

值得注意的是,东西方一些学者开始从比较经济体制和社会主义经济运行机制的角度,对比研究新经济政策和战时共产主义政策,可以给我们一些启迪。例如,布鲁斯和格鲁奇探讨了社会主义经济的四种模式。遗憾的是,他们省略了新经济政策,认为它只是"反映在过渡时期承认保留某种'混合经济'(公有与私有)的必要性的临时措施"③。美国学者

---

① 〔奥〕奥托·鲍威尔:《苏俄的新方针》,史集译,生活·读书·新知三联书店1977年版,第2页。
② 〔奥〕奥托·鲍威尔:《苏俄的新方针》,史集译,生活·读书·新知三联书店1977年版,第25页。
③ 荣敬本,等编:《社会主义经济模式问题论著选辑》,人民出版社1983年版,第62页。

第三章 新经济政策道路的实质

埃冈·纽伯格和威廉·达菲等所著的《比较经济体制：从决策角度进行的比较》一书，简略地提到了新经济政策作为一种经济体制，由国家控制经济命脉，而市场具有作为协调机制的重要意义。①日本学者佐藤经明认为，新经济政策实行的是诱导式的计划化，使整个社会生产体系在市场机制中各司其职，因此是"分权经济模式的先行者"②。

在苏联20世纪20年代的争论中，有两位较有影响的经济学家——普列奥布拉任斯基和布哈林，他们分别被当作托洛茨基"左"派和布哈林右派的主要理论家，因此遭到了政治上的残酷打击。今天看来，他们当年提出的问题，是有助于我们认识新经济政策的实质的。前者认为，新经济政策作为一种过渡时期的经济体制，"整个来说是商品社会主义经济体系"③。后者把战时共产主义政策叫作"堵塞的"周转制度，把新经济政策叫作"开放的"周转制度，明确提出"市场关系的存在——在某种程度上——是新经济政策的决定性因素。这是确定新经济政策实质的最重要标准"④。比较而言，布哈林关于新经济政策的定义，较为接近新经济政策

---

① 〔美〕埃冈·纽伯格、威廉·达菲，等：《比较经济体制：从决策角度进行的比较》，荣敬本、吴敬琏、陈国雄，等译，商务印书馆1985年版，第178页。
② 〔日〕佐藤经明：《现代社会主义经济》，凌星光、殷莲玉、吴瑞钧，等译，中国社会科学出版社1986年版，第42页。
③ 〔苏〕普列奥布拉任斯基：《新经济学》，纪涛、蔡恺民译，生活·读书·新知三联书店1984年版，第91页。
④ 《布哈林文选》下册，人民出版社1988年版，第392页。

的实质，也较为接近列宁晚年思想的真谛。

二、逐步深化的认识历程
——新经济政策实质的九个列宁定义

新经济政策的实质究竟是什么？列宁提出了许多不同的定义和观点，主要包括主观和客观两个方面。从客观方面说，新经济政策本身是一个不断发展变化的历史过程，开始时只是应急性的粮食税这样一个单项政策，后来发展到一系列基本原则、一整套政策，并有自己运行机制的经济体制，因此它的实质经历了一个从单方面到多方面的发展过程。从主观方面说，列宁对新经济政策实质的认识也是一个逐步深化的历史过程。一开始只是把它作为解决农民危机的应急措施，后来随着新经济政策在实践中的展开而逐步认识到它涉及多方面的内容，从初级本质逐渐深化到深层本质，深入它蕴含的内在根据和深远意义。

我们在今天重新认识新经济政策及其实质时，不应当随意抓住列宁在某个时期、从某一角度做出的单方面定义，而应当抓住列宁思想的来龙去脉及其全部总和。因此，我们需要把列宁关于新经济政策实质的定义逐一分析，把它们作为一个逐渐深化的历史进程和认识进程再现出来。在笔者看来，列宁关于新经济政策实质的定义或提法，主要有以下 9 个方面，像阶梯

第三章　新经济政策道路的实质

一样反映出列宁认识的深化过程和上升过程，也映现出新经济政策本身的展开过程和完善过程。这种排列大体上是和时间顺序相一致的，但不是完全符合、丝丝入扣的，个别地方根据逻辑进程做了一些微调。

1. 从形成过程的角度看，新经济政策的实质是用粮食税代替余粮收集制

正是这一历史转变，构成了从战时共产主义转向新经济政策的枢纽。在新经济政策形成的初期，1921 年上半年，真正付诸实践的还只是粮食税这一项重大的经济政策，因此列宁当时倾向于把粮食税看作新经济政策的实质。列宁将第一次试图全面论述新经济政策理论基础的著作命名为《论粮食税》，反映出了他在这一阶段的认识。列宁不是一下子轻易选用这个题目的，而是经历了一个反复推敲的过程。1921 年 3—4 月拟定的《论粮食税》一书提纲，像思想化石一样记录下了列宁的思索过程。第一个提纲没有标题，只是以"粮食税"为起点，列举了要展开的十个要点。第二个提纲的开头，列宁开始琢磨这本书的大标题，以便使思想主题更突出，"内容表达得更确切"。他先后拟出了六个题目，一时举棋不定，因而在旁边标注了感叹词："困难！"①推敲的最终结果是，列宁筛选出了"论粮食税"这个书名，并辅以副标题"新政

---

① 《列宁全集》第 41 卷，人民出版社 1986 年版，第 375 页。

策的意义及其条件",试图简洁醒目地点出新经济政策的实质。后来,列宁在阐述新经济政策的发生过程和历史起源时,非常清晰地指出:"问题的实质就在这里。用粮食税代替余粮收集制,这就是我们经济政策的实质。这是非常简单的道理。"[①]这个关于新经济政策实质的定义,抓住了最基本的历史事实和区别于战时共产主义的基本特征。但是,这个极其简单的定义也有局限性:它抓住的是外部事实,而不是内部机理;它指出的是新经济政策开始阶段的单项政策,而不是它的丰富内容和完整体系;它谈论的还是粮食税这种特殊形式(实际上1923年就已由实物税过渡到货币税),还没有反映出新经济体制的实质内容。因而,列宁关于新经济政策实质的学说,还在不断深化之中。那么,用粮食税代替余粮收集制的实质,又在哪里呢?实质就在于,农民交了粮食税,剩下的粮食就可以自由贸易了。

2. 从阶级关系的角度来看,新经济政策的实质在于寻求社会主义经济与小农经济的结合点,为社会主义建设中的工农联盟奠定新的经济基础

在列宁看来,政策就是阶级之间的相互关系——正是这一点决定着共和国的命运。苏维埃俄国存在的两个主要阶级,就是工人阶级和农民阶级,前者掌握着国家政权,后者则占据人口的绝

---

① 《列宁全集》第42卷,人民出版社1987年版,第335页。

第三章 新经济政策道路的实质

大多数,这是苏维埃政权的两个主要支撑。用粮食税代替余粮收集制,表面上看是解决物与物的关系,实质上则是调整人与人之间的社会关系,即工人与农民这两大阶级的关系。因而,在1921年末召开的全俄苏维埃第九次代表大会上,列宁提出了一些新看法:"当然,新经济政策的实质是无产阶级同农民的联盟,是先锋队无产阶级同广大农民群众的结合。"①在起草这个讲话的提纲中,列宁说得更详尽些,"这个退却任务的实质是:同农民经济结合起来,满足其最迫切的经济需要,建立牢固的经济联盟,首先提高生产力,恢复大工业"②。调整工人与农民这两大阶级的关系,关键在于寻找能够把社会主义大工业与小农经济联结在一起的经济纽带和中介环节。后来,列宁进一步把这个寻求经济结合点的问题提了出来,"我们的报刊现在还常常到处探寻新经济政策的意义,但是找的不是地方,其实新经济政策的全部意义就在于而且仅仅在于:找到了我们花很大力量所建立的新经济同农民经济的结合……新经济政策的基本的、有决定意义的、压倒一切的任务,就是使我们开始建设的新经济同千百万农民赖以为生的农民经济结合起来"③。这里主要是就粮食税政策而言,并且谈的是最主要的阶级关系,它抓住了最本质、最主要的东西,但还有待于更全面、更具体地揭示新经济政策的全部内容。

---

① 《列宁全集》第42卷,人民出版社1987年版,第347页。
② 《列宁全集》第42卷,人民出版社1987年版,第514页。
③ 《列宁全集》第43卷,人民出版社1987年版,第74—75页。

3. 从基本内容的角度来看,新经济政策的实质在于无产阶级国家在下面通过自由贸易与小农结盟,在上面通过国家资本主义与资本主义结盟

像椭圆形有两个焦点一样,新经济政策也有两个凝聚点,构成了这一整套经济政策的两个最基本的原则。首要的基本原则固然是允许小农在一定范围内的贸易自由,以巩固工农联盟;另一个基本原则是对大资本实行国家资本主义,利用、限制和改造资本主义。列宁在实行新经济政策期间,从最初写成的《论粮食税》到最后之作《论合作社》,自始至终都把这两个基本原则作为新经济政策的核心内容。1921年3月,列宁在拟定党的十大政治报告的提纲时,就勾画出了这两个要点:"上面有国家资本主义(租让)(下面)同小农妥协('贸易自由')两种经济基础。"① 1922年,他从理论上作了概括,把这两个基本原则作为新经济政策的实质。"新经济政策的真正实质在于:第一,无产阶级国家准许小生产者有贸易自由;第二,对于大资本的生产资料,无产阶级国家采用资本主义经济学中叫作'国家资本主义'的一系列原则。"② 这两个基本原则,从上下两个不同层次的经济联盟之间,有着不可分割的内在联系:同小农的经济联盟在下面,是基础,是无产阶级国家的主要经济支撑,上面的联盟是为这个基础服务的;同国家资本主义的联盟在上

---

① 《列宁全集》第41卷,人民出版社1986年版,第364页。
② 《列宁全集》第43卷,人民出版社1987年版,第263页。

第三章 新经济政策道路的实质

面,是辅助,只有借助发达资本主义的物质技术基础,才能克服小生产者的无政府主义自发倾向,保证把他们引上社会主义建设的正确轨道。这里谈到的两个联盟,对理解新经济政策实质有新的揭示,但还限于非社会主义经济成分这一领域,社会主义经济成分这个主体部分暂时还被撇在理论视野之外。

4. 从管理体制的角度来看,新经济政策还意味着一种主要运用市场经济、经济核算制作为经济杠杆的新管理形式

战时共产主义时期的旧管理体制,无产阶级国家用自上而下的行政命令直接管理企业。在实行新经济政策半年之后,从1921年8月起,列宁提出不仅要把新经济政策原则贯彻在同小农经济、私人资本主义经济的关系之中,而且要贯穿到社会主义国营企业和整个经济管理体制中去。也就是说,把精确的经济核算制作为管理国营企业的主要原则。在经济管理中贯彻"按商业原则办事"的方针,把商品货币关系当作推动社会主义经济成分发展的主要杠杆,这就给理解新经济政策的本质内容增加了一个崭新的方面。列宁在1921年12月拟定一个报告提纲时,提出了一个新的命题,"'新经济政策'还有一个极其重要的方面:学习经营管理,——'经济核算'"[①]。在正式报告中,列宁把这一点列为新经济政策的本质方面之一,在谈到"新经济政策的实质是无产阶级同农民的联盟"之后,立即加以补充说:

[①]《列宁全集》第42卷,人民出版社1987年版,第519页。

《论粮食税》《论我国革命》精学导读

"但是，新经济政策还有另一个方面，就是提供了学习机会。新经济政策是我们开始真正学习经济管理的一种形式。"①同期拟定的《工会在新经济政策条件下的作用和任务》的提纲要点中，一开头就列出了新经济政策的三个本质之点：①产生资本主义并容许它存在；②国营企业实行新的原则；③以另一种速度、通过另一些途径、用"新的迂回方法"实现整个过渡。②后来通过的正式文件中，列宁从更高层次上把新经济政策的实质内容归结为两个方面，即容许和发展由国家调节的自由贸易与资本主义，已经社会化的国营企业改行经济核算，也就是商业原则③，旨在巩固工人阶级和农民阶级的联盟。前一方面是指对非社会主义经济成分改行经济联盟政策，后一方面则是对社会主义经济成分自身管理模式的重大变革。这个新提法为理解新经济政策的实质内容增添了一个新的方面，已经涵盖到整个经济领域，但是还缺少从经济到政治的总体考察和总体概念。

5. 从总体目标的角度来讲，新经济政策的实质在于，在经济上采用上述灵活措施来发展生产力，政治上自下而上地发展社会主义新型民主

在驶入新经济政策轨道后不久，1921 年 5 月列宁在起草《劳

---

① 《列宁全集》第 42 卷，人民出版社 1987 年版，第 347 页。
② 《列宁全集》第 42 卷，人民出版社 1987 年版，第 522 页。
③ 《列宁全集》第 42 卷，人民出版社 1987 年版，第 366 页。

第三章 新经济政策道路的实质

动国防委员会指令草案》时,曾经提出了一个新提法,"新经济政策的实质:最大限度地提高生产力和改善工人和农民的生活状况,利用私人资本主义并把它纳入国家资本主义的轨道,全面支持地方的首创精神,同官僚主义和拖拉作风作斗争"[①]。正是在这里,列宁第一次提出了"新经济政策"的概念,也是第一次试图对"新经济政策实质"做出全面规定。这个提法虽然提出时间较早,但包含着更为广阔的理论视野:试图从经济与政治的统一中去探寻新经济政策的实质。事实上,这里蕴含着列宁一个尚未挖掘的闪光思想,即新经济政策并不局限于单纯的经济政策,更不局限于具有单纯的经济意义。从总体上看,深入探索新经济政策具有的广泛深远的历史意义,恰恰是列宁晚年思想的发展方向。

6. 从整个经济制度的角度来看,新经济政策实质上是无产阶级国家掌握了经济命脉之后,对多种经济成分采取的一整套特殊政策,是以社会主义经济为主导的多层次经济结构

前文所讲的新经济政策实质,往往是把它作为一个环节从历史链条中抽离出来,与战时共产主义环节相比较,以揭示它的不同点。列宁晚年则倾向于把新经济政策再放回到历史链条上去,从更广阔的历史背景下揭示它形成的历史根源,以阐述它在各方面的完整内容。列宁的这一探索进程,凝聚

---

① 《列宁全集》第41卷,人民出版社1986年版,第393页。

《论粮食税》《论我国革命》精学导读

在他 1922 年为共产国际第四次代表大会起草的两份提纲中。在第一份提纲中,列宁要求重新探讨一下这个问题——"新经济政策的计划或思想或实质是什么?"然后列出了四个要点作为简要答案:①国家掌握土地;②国家掌握生产资料方面的一切命脉(运输等);③小生产领域中的贸易自由;④在吸收私人资本(租让和合营公司)意义上的国家资本主义。① 前两条讲的是实行新经济政策的历史前提和可靠保证,也是退却过程中不可逾越的最后防线;后两条则分别讲对小农经济和资本主义经济成分的特殊政策,如何使它们服从于社会主义经济主体。在第二份提纲中,列宁通过一个等式的形式,进一步展开了上述思路:"'新经济政策'=(1)经济命脉在我们手里;(2)土地归国家所有;(3)农民经济活动的自由;(4)大工业(和大农业)在我们手里;(5)私人资本主义——它有可能同国家资本主义竞争;(6)国家资本主义是这样的:我们把私人资本吸收过来同我们的资本合在一起。"② 因此,列宁紧接着作出了理论上的再概括,认为新经济政策"实际上三个主要之点:(1)小生产范围内的贸易自由。(2)全部经济命脉(大农业和大工业)在我们手中。(3)合营'公司'='学习的保证'"③。

---

① 《列宁全集》第 43 卷,人民出版社 1987 年版,第 422—423 页。
② 《列宁全集》第 43 卷,人民出版社 1987 年版,第 427 页。
③ 《列宁全集》第 43 卷,人民出版社 1987 年版,第 427 页。

第三章 新经济政策道路的实质

7. 从战略策略的角度来说,新经济政策是直接过渡道路失败后做出的战略退却,是在社会主义道路上从直接过渡转换到迂回过渡的战略转变

1921年末,新经济政策已实行了半年多,在莫斯科省第七次党代表会议上,代表们纷纷要求列宁谈实行新经济政策的实际成果和历史经验,但是列宁作为一个富于战略眼光和政治远见的领导者,更为感兴趣的却是另一个更具有全局性的问题,即随着政策的改变而采取的新的战略策略问题。需要以更为广阔的历史视野,从一个小农国家走向和建设社会主义的战略策略角度,对新经济政策的实质和成效做出宏观评价。正是在这一意义上,列宁阐述了新经济政策实质的新规定。他说:"新经济政策的实质正在于,我们在这一点上遭到了严重的失败,开始作战略退却。"① 后来,他借用日俄战争中日军统帅乃木希典将军攻打旅顺口的典型战例,生动形象地解释了这种战略转变。在攻打旅顺口的战役中,第一阶段日军最初采取正面直接攻击的办法,面对重重工事、成群碉堡、猛烈攻击,伤亡惨重;第二阶段日军不得不转而采取非常艰苦、进展缓慢的迂回作战方式,最终占领了旅顺口。俄国十月革命后在走向社会主义的战略上,也经历了类似的转变。战时共产主义时期是第一阶段,企图以国家政权的行政命令作为杠

---

① 《列宁全集》第42卷,人民出版社1987年版,第183页。

杆，"用最简单、迅速、直接的办法来实行社会主义的生产和分配原则"①。新经济政策时期是第二阶段，放弃了正面强攻的办法，首先后退到国家资本主义和国家调节商业，以此作为中介环节，迂回地、渐进地、间接地、缓慢地过渡到社会主义的生产和分配。在实行新经济政策的过程中，列宁越来越清楚地看到：对前资本主义的小农经济普遍存在的落后俄国来说，这不仅是一个挽救危局的应急措施，实质上是一个长期的、带有根本性的战略转变，是小农国家走向社会主义、建设社会主义的历史必由之路。

8. 从经济运行机制的角度讲，新经济政策意味着摈弃了由国家直接组织生产和分配的产品经济形态，走上了由国家有计划宏观调节的市场经济形态

列宁上升到从整个经济体制、运行机制的高度，来揭示新经济政策不同于战时共产主义政策的本质特征。战时共产主义经济体制的本质特征在于，由无产阶级国家高度集中地直接组织生产和消费，是一种依靠国家行政强制实行的产品经济。用列宁的话来说，就是"国家的生产和分配"②。而新经济政策在运行机制上的本质特征则是，由无产阶级国家来调节市场和货币流通，构成一种有计划的商品经济、市场经济，给小农一定

---

① 《列宁全集》第42卷，人民出版社1987年版，第225页。
② 《列宁全集》第42卷，人民出版社1987年版，第221页。

第三章 新经济政策道路的实质

的贸易自由，把资本主义纳入国家资本主义的轨道，对国营企业实行经济核算制——其中一以贯之的主线就是国家调节下的商品交换关系、市场经济。因此，列宁对新经济政策实质也就作出了一种更高的概括："既然没有一个能够组织得立刻用产品满足农民需要的发达的大工业，那么，为了逐渐发展强大的工农联盟，只能在工人国家的领导和监督下利用商业并逐步发展农业和工业，使其超过现有水平，此外没有任何别的出路。现实迫使我们非走这条路不可。我们新经济政策的基础和实质全在于此。"①

9. 从社会主义道路的角度讲，新经济政策实质上是一条建设社会主义的新路径，即原先较为落后的国家有计划地发展市场经济，利用商品货币关系与合作制，逐渐走向社会主义、建设社会主义的新道路

在一个封建传统严重、小生产大量存在的落后国家中，缺少发达的社会分工体系、普遍的社会交往关系和劳动过程的高度社会化。因此，要走向统一计划的社会主义经济关系体系，有两种可能的选择：一种选择是靠无产阶级国家政权的非经济强制手段，另一种选择是靠建立以商品货币关系为中介的社会分工体系。前一种选择只能靠行政强制，短期维持；后一种选择才符合社会发展规律，是历史发展的必由之路。战时共产主

---

① 《列宁全集》第42卷，人民出版社1987年版，第335页。

《论粮食税》《论我国革命》精学导读

义实际上是第一种选择,即直接靠无产阶级国家的行政法令,在一个小农国家里立即按社会主义原则来组织生产和分配,但实践证明此路是行不通的。在转向实行新经济政策一年以后,列宁开始把新经济政策看作一条探索之中的建设社会主义的新路:"通过新的途径来建设社会主义经济已经绝对必要了……我们还没有找到建设社会主义经济、建立社会主义经济基础的真正途径,但我们有找到这种途径的唯一办法,这就是实行新经济政策……新经济政策并不改变工人国家的实质,然而却根本改变了社会主义建设的方法和形式。"①起初他把新经济政策看作应急措施,后来很快认识到"我们要认真地和长期地执行这个政策"②,最后他倾向于把新经济政策看成一个很长的历史时期、一条新的道路,"新经济政策标志着苏维埃政权实现从资本主义向社会主义的过渡这一活动发展的新时期(和新转折)……我们走上新经济政策道路"③。这条道路的起点是多层次经济结构,其中社会主义经济虽然已成为主导,但小农经济还占数量上的优势;这条道路的终点,则是社会主义经济基础的建立,进行社会主义建设。这个思想主旨,鲜明地体现在列宁以下两个命题之中:"新经济政策在经济上和政治上都充分保证我们有可能建立社会主义经济的基础……新经济政策的俄国将变成社

---

① 《列宁全集》第43卷,人民出版社1987年版,第73页;《列宁选集》第4卷,人民出版社1972年版,第582页。
② 《列宁全集》第42卷,人民出版社1987年版,第337页。
③ 《列宁全集》第42卷,人民出版社1987年版,第522页。

第三章 新经济政策道路的实质

会主义的俄国。"①

关于新经济政策及其实质这一问题,列宁作了上述循序渐进的种种概括。这种渐进过程,映现出列宁的认识随着实践的发展不断深化的思想轨迹:从局部上升到整体;从外部现象进入内在机理;从单独考察新经济政策上升到把它置于广阔历史背景之下;从单纯经济改革扩展到经济政治一体化的改革。

列宁的上述理论概括,每一种提法都各自从一个侧面揭示出了新经济政策的实质内容;它们的总和,在一定程度上完整地揭示了新经济政策的多方面实质。我们不应当局限于主观随意地抓住其中某一个命题,孤立片面地理解新经济政策的实质和意义,而应当上升到把握列宁思想进程的全部内容,进而完整地、准确地、系统地掌握列宁关于新经济政策实质的学说。

今天我们为了更好地把握新经济政策的实质内容,不仅需要深入探讨列宁的思想历程,还需要立足于历史事实,对列宁思想独立地作出再思索、再概括。新经济政策实质上是原先经济文化比较落后的国家,在多层次经济结构长期存在的背景下,掌握经济命脉的无产阶级国家,通过有计划地发展市场经济,逐步地走向社会主义、建设社会主义的特殊道路。新经济政策包含着一系列基本原则——给小农以贸易自由,利用国家资本

---

① 《列宁全集》第42卷,人民出版社1987年版,第337页。

主义，对国营企业实行经济核算制，以发展生产力为经济主旨，以发展新型民主为政治目标等。新经济政策的本质特征是，无产阶级国家有计划地利用市场经济，以及和千百万小农自然而然地结成同盟一起来建设社会主义。

三、新经济政策的核心实质
——列宁主义道路真谛

新经济政策既然发展成了一整套基本原则和政策体系，形成了一条建设社会主义的特殊道路，那么，需要进一步深入探讨的问题是：新经济政策道路的根本点是什么。对于新经济政策的历史起源、深化进程、扩展契机、内在机制与本质特征的剖析，使我们得以确认：无产阶级国家调节市场，发展市场经济，是这条道路的核心实质与思想真谛。

新经济政策的历史起源在于，给小农一定范围内的贸易自由，这是从战时共产主义政策过渡到新经济政策转变的契机，也是新经济政策的历史起点。这个历史起点的实质，则在于为了社会主义的目的而有计划地发展市场经济。小农经济既然不可能一下子消失，就必须保证它同社会主义经济的长期共存。一定范围内的贸易自由，就是它赖以生存的土壤和空气，以及得以发展的阳光和雨露，否则它就只能走向封闭、停滞和窒息。战时共产主义政策之所以严重打击了农民的生产积极性，就是由于它企图堵死自由贸易的渠道，触及了小农的切身利益，最终切断了它的生命线。

第三章 新经济政策道路的实质

农民要求实行粮食税，主要着眼点是剩下的粮食可以自由处理，投入自由贸易，到市场上去换取工业品和各种商品。尽管在转变刚刚开始的1921年2—3月，列宁在思想上还相当犹豫，主要是不希望向农民完全敞开自由贸易的大门，而试图只限于地方上的经济周转、工农业之间的产品交换。但是，历史的发展有其自身的内在逻辑：实行粮食税就意味着给了农民买卖粮食的自由，就意味着打开了商品经济的闸门。在这种形势下，列宁越来越清楚地看清了问题的症结在于，"正因为如此，商品交换在目前才成了我们整个经济政策中的一个最重要的问题"①，"应当把商品交换提到首要地位，把它作为新经济政策的主要杠杆"②。可以说，新经济政策作为一个历史过程，它的出发点就是在社会主义经济与小农经济的相互关系中利用商品货币关系和发展市场经济。

实行新经济政策的关键在于，利用市场经济、商品货币关系的程度，从允许地方周转进一步退却到"国家调节下的自由贸易"，是新经济政策最终确立的显著标志。综上所述，1921年2—4月发生的第一次转变中，到底在多大范围内允许自由贸易，将商品货币关系利用到什么程度，社会主义面向市场的大门应该打开多大，这一系列问题远没有完全解决。正如列宁自己坦率承认的："关于允许在地方经济流转范围内实行交换这一点……这是什么意思呢？它的范围究竟怎样？它怎样实现

---

① 《列宁全集》第41卷，人民出版社1986年版，第351页。
② 《列宁全集》第41卷，人民出版社1986年版，第327页。

《论粮食税》《论我国革命》精学导读

呢？如果谁想在这次代表大会上得到这个问题的答案，那他就错了"①，"我们将在多大程度上保留经济流转自由，这一点我们不知道……必须对实行这一点的经济条件作出估计和检查"②。可以说，列宁当时还希望尽量把商品流通的大门开得小一些，最好只开一个小窄缝，只让小农走过去，并且有朝一日最好重新再把这道门关上。然而，事实上遭到严重破坏的大工业难以一下子恢复起来，租让制也没有实现预期的发展，而在商品流转中私人市场比国营渠道强大得多。因此，到1921年11月，列宁不得不宣告进行第二次转变，"现在你们从实践中以及从我国所有的报刊上都可以清楚地看到，结果是商品交换失败了。所谓失败，是说它变成了商品买卖……私人市场比我们强大，通常的买卖、贸易代替了商品交换"③；必须进一步退却，退到"由国家调节商业和货币流通"④。用列宁当时的眼光来看，这是完成了进一步的退却；而我们在今天看来，这才是进一步完成的战略转变，是新经济政策的重要深化和最终确立，也是真正打开有计划地发展商品生产的大门，进而打开走向发展市场经济的大门。

在新经济政策实行过程中，"按商业原则办事"是一个辐射轴心，以此为契机将新经济政策从小农经济扩展到社会主义国

---

① 《列宁全集》第41卷，人民出版社1986年版，第55页。
② 《列宁全集》第41卷，人民出版社1986年版，第68页。
③ 《列宁全集》第42卷，人民出版社1987年版，第228页。
④ 《列宁全集》第42卷，人民出版社1987年版，第229页。

第三章 新经济政策道路的实质

营经济领域中。1921年8—10月,随着新经济政策的纵向发展,加之新经济政策的横向扩展,即从农村经济政策扩展到社会主义的国营企业。原先设想把商品交换局限于国营工业和小农之间,而仍在战时共产主义体制旧轨道上运行的国营企业,不但难以胜任这一任务,而且自身陷入了严重的工业危机之中。为了真正完成换车转轨的任务,只有在社会主义国营企业中同样实行新经济政策。

首先,把独立的经济核算制作为经营所有国营企业的基础,在战时共产主义体制下,整个国营企业被当成一个统一的大工厂,每个企业都只是它的一个没有独立性的车间,国家对企业的供给、销售、分配一律包揽下来。1921年8月,列宁主持起草的《关于贯彻新经济政策的原则指令》,第一次提出在社会主义国营企业中贯彻新经济政策的基本原则,要求在新经济政策体制下,国家对企业实行"按商业原则办事"的方针,让企业实行完全独立的经济核算制。

其次,让国营企业面向市场,社会主义国营企业的主导地位要通过市场竞争来取得。其中,包括两个市场,首先是使大工业和国内市场发生直接联系,进而要求同国外市场发生联系。

最后,在企业内部对工人实行从个人利益上关心的原则,取消对生活资料的平均分配和免费供应,将工资同劳动生产率挂钩。这种全面变革的基点,就在于把有计划地利用商品货币关系的经济杠杆,也运用到社会主义国营企业中。列宁明确地点出了这一实质问题:"国营企业改行所谓经济核算,同新经济政策有着必然的和密切的联系,而且在最近的将来,这种企业即使不会成为唯一的一种,也必定会是主要的一种。在容许和发展贸易自由的情况下,这实际上等于让国营企业在相当程度上改行商业的即资本主义的原则。"①在推广新经济政策时期,列宁曾试图以"按商业原则办事"为主题,写一篇文章,来明确阐明这一原则。后来这一文章没有写成,只留下简要提纲,不过这一原则确是他推行新经济政策的思想主线。

新经济政策作为一种经济体制的内在机制,是无产阶级国家有计划地利用商品货币关系,通过发展商品经济逐步奠定社会主义的经济基础。在这里,无产阶级国家是以商品货币关系为中介来形成统一的经济联系和经济活动机制的,也是运用商品市场来推动、搞活整个经济体制的。无产阶级国家对农民实行粮食税,允许小农自由贸易,发展农村商品经济,实际上是把商业作为联系社会主义工业与小农经济的桥梁,以农民易于接受的方式引导他们参与到社会主义建设中来。无产阶级国家对社会主义国营企业实行经济核算制,允许企业独立经营,自负盈亏,则是把商业化原则贯彻到社会主义经济中,并作为推动社会主义生产力发展的动力。无产阶级国家对资本主义经济成分实行国家资本主义原则,则是要求无产阶级国家紧紧抓住"对国家资本主义具有根本

---

① 《列宁全集》第42卷,人民出版社1987年版,第366—367页。

第三章 新经济政策道路的实质

意义的贸易自由"①,通过构建国家调节下的市场体系,把资本主义成分引导到社会主义建设的轨道上来。综上所述,要把小农经济、社会主义国营经济、国家资本主义经济三种主要经济成分的运行,都统一到社会主义建设的轨道上来,形成统一的经济运行机制,依靠的都是国家指导下的市场。因此,列宁合乎逻辑地得出商业在新经济政策中居于重要地位的结论:目前商业是我国经济生活的试金石,是无产阶级先头部队同农民结合的唯一可能的环节,是促使经济开始全面高涨的唯一可能的纽带。②他把发展国家调节下的市场,看作整个新经济政策的立足点:"在工人国家的领导和监督下利用商业并逐步发展农业和工业……我们新经济政策的基础和实质全在于此。"③

新经济政策体制的本质特征,就在于有计划地开放市场,形成一种开放的经济体制,以根本区别于封闭的、堵塞的、僵死的产品经济体制、自然经济体制。苏维埃俄国是一个落后的小农国家,小农经济大量存在,且这种小农经济具有二重性,既是半自然经济,又是半小商品经济。正如马克思、恩格斯所作的形象比喻,它们好像一麻袋马铃薯,彼此相像却又缺乏联系。在战时共产主义时期,实际上是靠国家政权的非经济强制,由国家依靠行政手段,直接组织生产和分配。历史证明,这种靠国家行政命令支撑的经济体制,是某种特殊历史条件下的变态,很难在

---

① 《列宁全集》第43卷,人民出版社1987年版,第276页。
② 《列宁全集》第42卷,人民出版社1987年版,第347—348页。
③ 《列宁全集》第42卷,人民出版社1987年版,第335页。

历史发展的常规时期持久存在,更难以使社会生产力得到真正发展。这种经济体制的本质特征是,高度集中的国家垄断性的产品经济,因此具有封闭性、堵塞性、僵死性。在这里,唯一具有能动性的主体,是高高在上、远离生产的国家;推动经济发展的唯一动因,是国家的行政命令。新经济政策体制则完全建立在不同的基础之上,它靠的是商品经济中自然而然形成的经济联系,作为形成统一的经济体制的牢固纽带,无产阶级国家不再直接组织生产和分配,而是有计划地调节市场,借此为中介来组织生产和分配。在这里,有两只手相辅相成地调节着经济运行,一只手是"看得见的手"——无产阶级国家政权的行政强制力量,另一只更主要更有力的手是"看不见的手"——通过市场自发起作用的价值规律。在这里,经济活动的能动主体,是独立从事商品生产和经营活动的成千上万个企业、合作社、个人的活动动因和动力源泉,是千千万万商品生产者对切身利益的关心与追求。因此在本质上,这是一种有计划的商品经济体制,是开放的、灵活的、多样的经济体制。

正因为如此,列宁才把新经济政策时期形成的设想,称之为商品交换"这个概念所设想的建设计划"①。他还一针见血地点出了新经济体制的本质特征:"这项工作的社会经济基础是什么?是以市场、商业为基础还是反对这个基础?。"②承认商

---

① 《列宁全集》第42卷,人民出版社1987年版,第228页。
② 《列宁全集》第42卷,人民出版社1987年版,第506页。

第三章　新经济政策道路的实质

品市场的必然存在,通过国家调节下的市场来组织整个经济运行机制,以市场经济为桥梁走向社会主义建设——这就是新经济政策体制的实质,也是列宁主义道路的真谛。

第四章 《论粮食税》的理论创新

——新经济政策初期的历史局限

在新经济政策实行初期，列宁在1921年春天所写的《论粮食税》和同年秋天写成的一组论文中，提出了苏维埃俄国走向社会主义，建设社会主义道路的"第五设想"。

这一设想的主体，是1921年4月写成的《论粮食税》，在这里列宁第一次对新经济政策进行了较为系统的理论论证。此外，还应补充上1921年秋天写成的一组著作：《十月革命四周年》(10月14日)；《新经济政策和政治教育委员会的任务》(10月17日)；《在莫斯科省第七次党代表会议上关于新经济政策的报告》(10月29日)；《论黄金在目前和社会主义完全胜利后的作用》(11月5日)。这一组文章不仅写作时间上相对衔接，而且有共同的思想主题、思想特征。它们反映出列宁实行"第二次退却"之后的成熟思想，反映出列宁站在这个基点上对战时共产主义时期"第三设想"和1918年春天"第二设想"的理论反思。

这一设想大大向前发展了苏维埃俄国通过迂回道路走向社会主义建设的战略思想，并和战时共产主义时期的设想形成了

第四章 《论粮食税》的理论创新

根本对立。可以说，列宁在这里基本上（不完全、不彻底）解决了前几个设想中存在的内在矛盾，基本上找到了苏维埃俄国通过迂回途径走向社会主义建设的正确道路。为了准确地把握列宁思想发展的脉络和实质，有必要从两个方面进行比较研究，既同战时共产主义时期的"第三设想"做对照，又同1918年春天的"第二设想"相比较。

虽然从时间上来看，新经济政策初期形成的"第五设想"，与战时共产主义时期形成的"第三设想"，直接联系在一起；但是从内容上来看，二者却有本质差异，甚至可以说是基本对立的。

从社会主义的理想目标来看，战时共产主义的设想要求把一切生产资料和流通资料都转归无产阶级国家所有，实行全盘国有化，追求高度集中的国家垄断制。而新经济政策时期的设想，则放弃了国家垄断制的目标，并且在理论上对此提出了疑问，提出了自由周转制的目标："在理论上，不一定要认为国家垄断制从社会主义观点看来是最好的办法。在一个拥有工业、而且工业正在进行生产的农民国家里，如果有一定数量的商品，那是可以采用实物税和自由流转的制度作为一种过渡办法的。"①

在走向社会主义的道路问题上，战时共产主义时的设想主要指靠无产阶级国家的行政命令，组织国家的生产和分配；而新经济政策时期的设想则要求顺应社会发展的自然历史过程和经济联系中的商品货币关系，主要通过国家调控下的市场，逐

---

① 《列宁全集》第41卷，人民出版社1986年版，第63页。

渐把一个小农国家引上社会主义建设道路。

在所有制上,战时共产主义的设想要求尽可能实行清一色的社会主义经济结构,建立纯粹的社会主义公有制,无论是大中小企业还是合作社,一律实行国有化;而新经济政策的设想则承认多层次经济结构将长期存在,国家只掌握大企业和经济命脉,允许国家资本主义、私人资本主义、小私有者的商品生产等多种经济成分的合法存在,甚至容许它们在一定范围内进一步发展。

在管理体制上,战时共产主义的设想寻求极端集中、无所不包的统一计划、统一经营、统一管理,由国家直接组织生产和分配;新经济政策的设想则是由国家调节市场,让各企业自己对自己负责,按商业原则进行管理。

在农村政策上,战时共产主义的设想是推行带有强制性的余粮收集制,把农民进行自由贸易视为必须打击的资本主义,并力求尽快地消灭小农经济,转到社会主义大农业的轨道上去;新经济政策的设想则要求实行粮食税,允许小农自由贸易,通过市场关系和小农长期共处,并借助合作制逐步把小农引上社会主义建设的轨道上来。

正是在上述五个基本点上,新经济政策时期形成的"第五设想"与战时共产主义时期的"第三设想"存在根本区别,形成了鲜明对照。但是,我们也不能把这种区别说得过于绝对化,新经济政策毕竟是在战时共产主义政策之后实行的。从历史发展的角度讲,二者也有着某种共性:都承认要由无产阶级国家掌握

第四章 《论粮食税》的理论创新

经济命脉,都承认需要有国家宏观上统一的经济计划,都要求把农民引上社会主义建设的道路。这种共性只是表明了历史的连续性,而把握列宁两个时期思想的本质差异更为重要。

新经济政策初期的"第五设想"与1918年春天"第二设想"的关系要复杂微妙得多,二者既有直接联系的共同点,又有相互区别的重大差异。原因就在于,"第五设想"初步总结了战时共产主义和新经济政策初期正反两方面的历史经验,因而使1918年春天"第二设想"中包含的内在矛盾大体上得到了解决,使其中保留的利用国家垄断制直接向社会主义过渡的幻想成分得到了纠正;而立足俄国特殊国情、走迂回道路建设社会主义的思路有了新的重大发展。

1921年的"第五设想"与1918年春天"第二设想"之间存在的共性,映现出列宁这两个设想之间思想上的直接连续性,这种共性集中表现在以下四个方面。

首先,两种设想都是在从战争转向和平的转变关头制定的,因而都果断适时地提出了把工作重心转向发展生产力、提高劳动生产率,作为经济工作的首要目标。

其次,两种设想都承认苏维埃俄国存在着五层阶梯式的经济结构,其中农民的小商品生产在数量上占有优势,这种总体格局势必会长期存在,不可能在短期内被完全打破,这是俄国走向社会主义、建设社会主义特有的历史起点,是不同于科学社会主义一般理论起点的独特之处。

再次,两种设想都认为落后俄国必须通过间接迂回的道

《论粮食税》《论我国革命》精学导读

路进行社会主义建设,因而需要实行某种战略退却,关键是要善于寻找某种中间环节,使前资本主义的小农经济过渡到社会主义。

最后,两种设想都把无产阶级国家中的国家资本主义作为中间环节,把它作为社会主义经济主体的帮手,借以把小商品生产引上接受国家监督、投入社会主义建设的道路。因此,从一定意义上可以说,这两个设想都是在实行重心转移的计划,都是面向俄国现实、保持多层次经济结构的计划,都是实行战略退却、寻找中间环节的迂回过渡计划,都是利用国家资本主义的计划。尽管从历史顺序上看,"第五设想"似乎与战时共产主义时期"第三设想"的关系更为靠近,但从思想脉络的角度看,它却与1918年春天"第二设想"是一脉相承的。

新经济政策初期的"第五设想",不仅是1918年春天"第二设想"的直接继续,而且是对它的重大发展,在一系列关键问题上有了新的突破和新的探索。因此,体现出二者之间的重大差异。需要注意的是,我们不应当忽视这种质的差异,尤其是不应当忽视那些列宁在新经济政策时期才得以形成的、有根本意义的新思想。如上所述,忽视这种差异,把列宁1921年新经济政策思想与1918年春天"第二设想"简单等同起来的思想倾向,在我国、苏联等国的理论界中确实存在。这种理论倾向的思想根源多半源于斯大林。斯大林曾以不容置疑的口吻,得出了一个相当武断的结论:"大家都知道1918年初出版的列宁的《苏维埃政权的当前任务》一书,列宁在这本书中第一次论

第四章 《论粮食税》的理论创新

证了新经济政策的原则……固然,这个政策曾经被武装干涉暂时打断,只是过了3年,在战争和武装干涉消灭之后,才得以重新实行……苏联无产阶级专政必须重新实行还在1918年初就宣布了的新经济政策的原则。"① 这种提法很难说真正抓住了列宁思想的真谛,很难说科学准确地揭示了列宁1921年设想与1918年春天"第二设想"之间的真实关系。

新经济政策时期,列宁于1921年设想提出的新观点,超越1918年春天设想的本质之点,主要表现在以下四个方面。

1. 整个战略的出发点不同了

1918年春天设想虽然提出了利用国家资本主义作为中间环节的问题,但是它要服从的一个基本出发点,即按照传统理论模式,把实行国家垄断制由工人国家直接对生产进行统计和监督看作社会主义的真正实质与理想目标。列宁认为,掌握了国家政权,再加上国家资本主义,就可以直接过渡到社会主义建设。虽然提到了国家资本主义,却只不过是为无产阶级国家垄断制找个临时帮手,目标仍是短期内走向国家垄断制。因而,其中固然包含着迂回过渡的合理思想因素。但就思想主流来说,1918年春天设想实质上是一个直接过渡的计划。正如列宁自己所说的:"你们回想一下我们党从1917年底到1918年初所作的各种正式的和非正式的声明就可以发现……我们多半(我甚至

---

① 《斯大林全集》第11卷,人民出版社1955年版,第129页。

《论粮食税》《论我国革命》精学导读

不记得有什么例外）都是从直接过渡到社会主义建设这种设想出发的。"①新经济政策时期列宁 1921 年设想，采取了迥然不同的全新战略，即从俄国国情出发，在一个小农国家里，不是用简捷、迅速、直接的办法实行社会主义生产和分配的原则，而是先退却到国家资本主义，再退却到国家指导下的市场，甚至是市场经济、自由贸易，通过更加迂回、间接的道路，缓慢地、渐进地、长期地过渡到社会主义建设之路。从实质上说，这才是一个立足俄国国情真正走迂回过渡道路的科学构想。

2. 整个计划的基本点不同了

1918 年春天设想的基本点是国家资本主义，是借助于国家资本主义这个特殊帮手，实现无产阶级国家对生产的统计和监督。无产阶级政权下的国家资本主义，被视为走向社会主义的主要中介和主要入口。新经济政策初期的列宁设想，不同于1918 年春天设想而有所创新的地方首先在于，无产阶级国家中的国家资本主义虽然作为一个重要环节包含在新经济政策的体系之中，但它已居于从属地位；有计划地利用市场则作为新提出来的首要因素，成为整个设想的有决定意义的基石，成为走向社会主义的首要中介和首要入口。列宁曾不止一次说明了自己的这一思想历程，精心区分出 1921 年设想的新颖之处。他对前后两个设想做过历史比较，指出了区别的主要之点在于："现

---

① 《列宁全集》第 42 卷，人民出版社 1987 年版，第 219—220 页。

第四章 《论粮食税》的理论创新

在我们的任务与其说是剥夺剥夺者，不如说是计算、监督、提高劳动生产率和加强纪律。这是我们在1918年3、4月间说的，但是当时根本没有提出我们的经济同市场、同商业的关系问题。"①而这一点恰恰是后来整个新经济政策体制的基础，是新经济政策的首要原则。在列宁起草的提纲中，更为清晰地点出了这一本质区别：就1918年春天设想的思想局限来说，"什么是我们所不知道的？这项工作的社会经济基础是什么？是以市场、商业为基础还是反对这个基础？"②当然，这个本质差异也经历一个逐步生成和显示的过程。如果说1921年春天这一差异还不那么明显，那么到1921年秋天，在实行第二次退却、彻底转上新经济政策轨道之后，这个差异就变得显而易见了：新经济政策道路不仅意味着"从直接进行社会主义建设退到国家资本主义上去"，而且意味着"从国家资本主义退到由国家调节商业和货币流通"③。

3. 对国家资本主义的理解不同了

在利用国家资本主义作为中介环节这一点上，两个设想更为相像，联系也较为直接。但是仔细分析以后，仍可以发现贯穿其中的四点"同中之异"，这是一种微妙而深刻的差异。

---

① 《列宁全集》第42卷，人民出版社1987年版，第221页。
② 《列宁全集》第42卷，人民出版社1987年版，第506页。
③ 《列宁全集》第42卷，人民出版社1987年版，第507—508页。

《论粮食税》《论我国革命》精学导读

首先,1918年春天设想虽然提出了利用国家资本主义的问题,却没有解决国家资本主义的生存土壤——市场的问题,因此这是一种悬在空中、没有根子、无法生存的事物。正如列宁所说的:"很重要的一点,即对国家资本主义具有根本意义的贸易自由,在这里就一个字也没有提到。"[①]1921年实行新经济政策后,才提出了自由贸易、市场经济问题,才解决了国家资本主义生存机制与控制机制的根本问题。

其次,1918年春天设想对国家资本主义的理解是狭义的,主要是指过渡时期的一种特殊经济成分,即无产阶级国家对大资本家实行租让制。当时专指接受无产阶级国家控制与监督的大资本主义,不包括一般私人资本主义,特别是小资产阶级资本主义。1921年新经济政策所讲的国家资本主义,则包括广泛得多的含义,发展成了"广义的国家资本主义"概念。列宁列举了国家资本主义的四种主要形式:租让制(租让制企业)、合作制(作为一种商业形式的合作制)、代销制(国家机关监督下的商业资本家)、租赁制(租借制企业)。也就是说,既包括无产阶级国家控制下的大资本主义,也包括受其控制的一般私人资本主义、小资产阶级资本主义。更重要的是,这一时期列宁赋予了国家资本主义以广义的含义,指的是新经济政策中的一条基本原则,即无产阶级国家利用、限制和改造私人资本主义的一整套特殊政策、特殊方法、特殊手段,小农国家向社会主义过

---

① 《列宁全集》第43卷,人民出版社1987年版,第276页。

第四章 《论粮食税》的理论创新

回过渡道路上的某种特殊环节、特殊阶段、特殊途径。可以说，1918年列宁使用的国家资本主义概念主要是狭义的，而到1921年则主要是广义的，具有更广阔的历史背景和理论视野。

再次，1918年春天设想关于国家资本主义的理论是零散的、措施是个别的，只是在同"左派"论战时阐明了利用国家资本主义的必要性，在实践中只是实行高薪政策赎买资产阶级专家。而到1921年，利用国家资本主义成了新经济政策的主要因素和基本原则之一，并进行了系统研究，形成了列宁特有的国家资本主义学说。其中，它包含一系列重大课题：无产阶级国家中国家资本主义的社会本质、特殊属性、多样形式、客观必要性、存在的前提、阶级斗争的特殊形式、斗争手段和调控方式等。

最后，1918年春天设想提出国家资本主义问题并不是为了战略退却去走一条长期曲折的迂回道路，而是想借助于国家资本主义更快地走上国家垄断制的轨道。当时国家只掌握很少企业，提国家资本主义意味着向私人资本主义发起进攻。1921年重新提出国家资本主义，却是把它作为一种战略退却、作为一种走迂回道路的重要途径，试图把前资本主义的小生产引上社会主义的建设。同样是利用国家资本主义，它们的社会功能、它们所制定的目标模式却有本质上的不同。列宁本人特别强调并指明了这一点："当1918年春我们同一部分曾反对签订布列斯特和约的同志论战而提出国家资本主义问题时，并没有说我们要退到国家资本主义上去，而是说我们俄国如果有国家资本主义作为占统治地位的经济制度，那我们的处境就会好一些，我们完成社会主义的任务就会快一些。我希望你们特别注意这一情况。"①

4. 对农民的态度有重大不同

注意分析农民的两重性，强调工农联盟的重要性，是列宁一以贯之的基本思想。但是，这一思想在1918年和1921年经历了不同的发展阶段，认识也具有不同的高度。1918年春列宁把建立国家垄断制、实现国家对生产和分配的统计与监督看作走向社会主义的主要途径，因而在分析农民时，比较看重农民作为私有者的自发性这一面。他认为，在小农国家里，占优势的只能是小资产阶级自发势力，"小生产是经常地、每日每时地、自发地和大批地产生着资本主义和资产阶级的"②。他当时把实行国家垄断制与反对国家垄断制看成过渡时期主要矛盾的表现形式，因而认为主要的斗争"不是国家资本主义同社会主义作斗争，而是小资产阶级和私人资本主义合在一起，既同国家资本主义又同社会主义作斗争"③。因此，列宁当时的战略选择是：在上面，同社会化的、易于监督的国家资本主义结成经济联盟；在下面，同小农的小商品倾向作斗争，反对农民作为小私有者对国家垄断制的破坏。这种对工农联盟的认识，是很不充分的。

---

① 《列宁全集》第42卷，人民出版社1987年版，第221页。
② 《列宁选集》第4卷，人民出版社1995年版，第135页。
③ 《列宁全集》第34卷，人民出版社1985年版，第276页。

第四章 《论粮食税》的理论创新

1921年,列宁终于看清了在苏维埃俄国,小农商品经济大量存在,采取堵截的办法是行不通的,只有善于疏导才能因势利导地把农民引上建设社会主义的道路。他找到了同小农长期共处、正确结合的途径,即国家调节市场、给小农以贸易自由。因此,他在这一时期,特别强调广大农民作为劳动者这一面。新的战略选择变成了两个联盟:首先是在下面,通过自由贸易同小农结成联盟;其次才是在上面,通过国家资本主义同资本主义结成联盟。前一个联盟是基本的、首要的,后一个联盟是从属的,服务于前一个联盟。

在以上四个重大问题上,列宁吸取了新鲜的实践经验,因此在理论上有了重大突破。在这里,列宁沿着与战时共产主义时期"第三设想"相反的方向,解决了最初两个设想所包含的内在矛盾,克服了1918年春天设想的不彻底性。列宁的社会主义学说,尤其是关于建设社会主义道路的学说,经历一个从不成熟到逐渐成熟的发展过程。新经济政策的提出,是列宁思想基本成熟的历史标志。上述三个内在矛盾的正确解决,是列宁思想基本成熟的思想标志。在新经济政策时期的设想中,列宁以新颖独特的方式,基本解决了社会主义理想目标与现实国情、科学社会主义一般原理与小农国家特殊规律、迂回过渡道路与直接过渡道路之间的矛盾。

在新经济政策初期的设想中,列宁思想的内在矛盾只是基本解决,还不能说完全彻底地解决。特别是在1921年春天所写的《论粮食税》中,还反映了"第一次退却"在理论上和实践

《论粮食税》《论我国革命》精学导读

上的某些不彻底性；科学社会主义传统理论模式与实践社会主义新的现实道路之间的矛盾，在某些地方依然存在。需要注意的是，在这里，还遗留下来一系列有待解决的问题。

虽然在实践中不得不部分地敞开了自由贸易的大门，但在理论上仍然坚持传统公式："贸易自由就是倒退到资本主义。"①因此，当时力图把商品市场的大门开得小一点，只留一道小缝，把它限制在地方周转的狭小范围内，实际上只是国家组织的工农之间的产品交换。

尽管身不由己地走上了通过国家调节下的市场的方式走向社会主义、建设社会主义的新路子，但是思想却暂时落在后面，仍沿袭传统理论模式，把产品经济、产品交换看成社会主义经济实质："不是余粮收集制，也不是粮食税，而是用大工业（'社会化'工业）的产品来交换农民的产品，这就是社会主义的经济实质，社会主义的基础。"②

在实践中采取了实行粮食税、给小农以贸易自由的正确措施，但在理论上仍把它看作走向产品经济的过渡形式、被迫采取的权宜之计。列宁明确地表述出了这种矛盾状态："粮食税，是从极度贫困、经济破坏和战争迫使我们所实行的特殊的'战时共产主义'向正常的社会主义的产品交换过渡的一种形式。"③

虽然已经采取了行动，利用市场机制发展商品交换，但在

---

① 《列宁全集》第41卷，人民出版社1986年版，第54页。
② 《列宁全集》第41卷，人民出版社1986年版，第376页。
③ 《列宁全集》第41卷，人民出版社1986年版，第208页。

第四章 《论粮食税》的理论创新

理论上仍然否认社会主义国营企业的产品也是商品:"用来交换农民粮食的国家产品,即社会主义工厂的产品,已不是政治经济学意义上的商品,决不单纯是商品,已不是商品,已不再是商品。"①

虽然在实践中走上了发展自由贸易、利用市场机制的正确道路,但在理论上却往往把它看作不甘心做出的退却,并且尽可能少地做出退却,对这条新路的战略意义仍认识不足。

一方面承认新经济政策必须长期认真地坚持,另一方面在思想理论上又对长期性估计不足,很快地提出了"停止退却,准备进攻"的口号。这个口号的含义是不甚了了的,有时意味着沿着新经济政策健康道路走下去,挑选人才,多办实事,有时又意味着重新向私人资本主义发起进攻。这就很容易误解为退向自由贸易是暂时的,只要阵地一巩固、时机一到,就可以重新转向"用赤卫队进攻资本"的形式。事实上,斯大林后来正是这样理解和这样行动的。

上述六个问题包含的独特矛盾,反映出新的实践与传统理论之间的矛盾。在1921年春天表现得比较突出,经过第二次退却的实践,到1921年秋天的理论反思中虽得到一定程度的解决,而这一系列问题的根本解决,还有待列宁后期进一步的实践探索和理论上的沉思。

综上所述,列宁先后提出的五个设想并不是清一色的,也

---

① 《列宁全集》第41卷,人民出版社1986年版,第268页。

不是直线式发展的，其中包含着两条根本不同的思想线索，经历了一个曲折的螺旋式发展过程。一条基本思路是，拘守19世纪马克思主义创始人前期主要针对发达西欧国家提出的科学社会主义传统理论模式，试图通过高度集中的国家垄断制，直接走上社会主义建设道路；另一条基本思路是，立足于落后俄国的特殊国情，借助一系列中间环节，特别是自由贸易、市场经济，迂回间接地走上社会主义建设道路。在十月革命前夕形成的最初设想，这两条思想线索是同时并存的，且包含着不同的思想萌芽。1918年春天的设想则使这种二重性更加发展，更加明显。而发展到战时共产主义和新经济政策时期的两个设想中，这种内在二重性采取了两极对立的外在形式。

　　为了在一个小农国家里建立起社会主义的经济联系，列宁在实践当中面临着二者择一的两种选择。一条道路是指靠无产阶级国家政权的行政力量，通过超经济强制直接过渡到社会主义建设；另一条道路是遵循劳动社会化的自然进程，通过发展商品市场间接地过渡到社会主义建设。在战时共产主义时期，沿着第一条道路走到底，到头来却发现"此路不通"。这是一条在常规时期必然导致危机的道路，是一条用海市蜃楼式的政治幻觉迷惑人的空想之路。于是，在新经济政策时期改弦易辙，反其道而行之，走上了第二条道路。实践证明，这虽然是一条迂回曲折、坎坷不平的道路，却是小农国家通向社会主义建设的唯一现实之路。

　　在实行新经济政策初期，实践经验还不够充分，理论反思

第四章 《论粮食税》的理论创新

也不够深入,因而存在着上述尚待解决的独特矛盾。直到列宁最后沉思中,才幡然领悟到,"我们不得不承认我们对社会主义的整个看法根本改变了"[①],在理论与实践的统一中开创出一条走向社会主义建设的新路。

---

① 《列宁选集》第4卷,人民出版社1995年版,第773页。

第五章 列宁晚年"政治遗嘱"

——《论我国革命》写作的历史背景

我们在前文已经勾画了列宁最后构想形成的广阔历史背景,现在则需要把理论思考的焦距近距离地对准列宁最后的思想历程,历史地、具体地再现列宁在生命最后时刻,他的内在精神世界和内在创造活动,在社会主义根本观念方面进行的反思与发生的转变。

一、退居二线的战略思考

1922 年 12 月到 1923 年 3 月初——本书最为关注的这段时间,是列宁政治活动和创作生涯的最后阶段。这是扑朔迷离的神秘时刻,又是命运攸关的历史关头。我们把这一时期列宁所做的理论思考,称为"列宁的最后沉思";把列宁在这一时期的著作,称为"列宁的最后之作""列宁的最后论著";把这一时期列宁关于社会主义建设道路的设想,称为"列宁的最后构想",这些是列宁经过深思熟虑的思想果实,是他毕生实践创造和理论探索的思想结晶,也是马克思主义史上的一颗思想宝石,至

第五章 列宁晚年"政治遗嘱"

今还熠熠发光。

我们这里所说的"列宁的最后之作""列宁的最后论著""列宁的政治遗嘱",主体部分是列宁最后口授的五篇论文:《日记摘录》《论合作制》《论我国革命》《怎样改组工农检查院(向党的第十二次代表大会提出的建议)》《宁肯少些,但要好些》。此外,还应补充上这一时期列宁为即将召开的党的第十二次代表大会所写的三封重要信件:《给代表大会的信》《关于赋予国家计划委员会以立法职能》《关于民族或"自治化"问题》。列宁在此期间写成的最后一个发言提纲《在全俄苏维埃第十次代表大会上未发表的发言提纲》以及十多封信件,可以作为"列宁的最后之作"的附注,它们往往为理解上述著作的理论内涵提供了背景资料和具体注解。这些资料的总和,构成了一个有机整体,中心点是比较落后的俄国怎样走向社会主义建设的道路问题。因此,我们有理由称之为"建设社会主义的列宁计划"或"列宁构想"。在看待这些构想的理论价值时,不能不充分考虑列宁最后之作的形成特点——这是列宁因病退居二线、摆脱日常工作之后所做的最后理论沉思与战略思考。

这些历史文献的总和,我们称之为"列宁遗嘱",或者叫广义"列宁的政治遗嘱";而通常讲的狭义的"列宁遗嘱",则是特指1922年12月23日、1923年1月4日口授的《给代表大会的信》,其中谈到党和国家政治制度的改革问题及斯大林的人事安排问题。

"列宁的最后之作",不是通常意义上的理论著作。它们是在特殊的历史关头，用特殊的写作方式创作出来的特殊作品。它们好比蕴含极其丰富的浓缩信息，称得上是人类思想史上的"奇文"。要想真正读懂这些"奇文"，就必须了解列宁的全部思想历程和全部活动背景。

十月革命的浪潮，把列宁推向了历史事变的中心，他一直处于这个历史旋涡的中心，难以进行深入的理论思索。从十月革命后的第一天起，列宁就担任了人民委员会主席，这个职务相当于我们现在所说的部长会议主席或者政府总理。人民委员会下面统辖各个人民委员部，最初有12个人民委员部，后来发展到27个部级单位，主要职能是负责分管苏维埃国家的政治与经济、内政与外交、军事与文化事务。因此，列宁实际上是苏维埃政权的"总管家"，总揽全局，日理万机。

在战时列宁还担任劳动国防委员会主席，为保卫刚刚诞生的苏维埃共和国不被扼杀在摇篮里而殚精竭虑。十月革命后的7年中，列宁几乎有一半的时间是在战争的烽火中度过的。列宁和布尔什维克翘首以待的西欧无产阶级革命高潮，迟迟没有到来。当时世界上仅有的唯一社会主义国家，面对着世界资本主义体系的重重包围，好像处在一个孤零零的军事要塞之中。可以说，苏维埃政权是在内外复杂的环境中争取生存的，需要处理各种紧急的内政外交和军事问题，也耗费了列宁的很多精力。

列宁是党的真正领袖，始终通过正常的思想斗争来团结全党展开工作，这也耗费了列宁许多精力。从职务上看，列宁仅

第五章 列宁晚年"政治遗嘱"

仅是普通的中央委员和政治局委员,他既没有像加米涅夫那样担任政治局临时主席,也没有像后来斯大林那样拥有总书记的权力。列宁在党内的权威地位,主要是靠政治上的远见卓识和争取多数,由思想上的权威转化为组织上的权威。党的领导核心,由两种类型的职业革命家构成:一类是像托洛茨基、季诺维也夫这样长期侨居在外的知识分子,另一类则是像斯维尔德洛夫、斯大林这样土生土长的工人革命家。这两类革命家之所以能形成统一的领袖集团,在相当程度上是靠列宁的协调作用。在布尔什维克内部,存在着具有不同思想倾向的各种派别,经常发生重大意见分歧,展开过多次全党范围内的大争论,发生过几次严重意见冲突引起的党内危机,甚至不止一次使列宁处于少数地位。在党内经常处于主导地位的列宁,从来没有运用过行政手段来处理党内争论。可想而知,为了调解党内分歧,团结全党一道工作,列宁付出了多少心血。

列宁不仅是位政治家,而且是位理论家,在非常繁忙的国务活动中,依然坚持进行理论思考,并且喜欢亲自动笔起草各种报告、法令、信件和决议草案。据不完全统计,1917—1923年,列宁亲自执笔或参与定稿的文献,就有6300多件,合在一起就是十几卷本的巨著。即使是一位勤勉高产的专业作家,要写出如此多的作品也绝非易事。而列宁绝不是书斋里的学者,写作这些文献只不过是他巨大创作活动的一小部分。

当然,繁忙不休的政治活动和应接不暇的日常工作,毕竟还是影响了列宁的理论思考,使他无暇较为深入地思索许多重大理论问

《论粮食税》《论我国革命》精学导读

题。列宁的许多重要著作,甚至包括公开出版了的理论著作,都标明是没有完成的。《国家与革命》的"初版跋"声明,没写出最后的、也是最重要的一章"1905年和1917年俄国革命的经验",是因为忙于"做出革命的经验",而顾不上"论述革命的经验"。列宁曾打算在十月革命两周年的时候,以"无产阶级专政时代的经济和政治"为题写一本书,但是因为忙于日常工作,只写成了一个简短的提纲,在尾声之处标明"待续"。①

因此可以说,只有在极特殊的情况下,列宁才得以摆脱日常工作重担,"忙里偷闲"地做一阵理论工作。列宁的妹妹玛·伊·乌里扬诺娃在一篇回忆录中写道,1923年3月,伊里奇在失去说话能力前的几个小时,他们坐在病床前回顾往事,列宁非常幽默地说:"1917年多亏白卫军的士官生们,我在谢斯特罗列茨克的草棚里休息了一阵子;1918年,又多亏卡普兰的一枪,我又休息了一阵子,而后来这种机会再也没有了……"②

如果说再有一次机会的话,那就是列宁生命的最后阶段,受病痛的影响,迫使他不得不脱离日常工作,完全处于离职休养状态。然而,这位伟大思想家的思想并没有休息,相反,倒是处于更紧张、更深沉的思索之中。这种心境,正如列宁自己描述的,"因祸得福:我居闲半年(1921年和1922年),'从旁'

---

① 《列宁选集》第3卷,人民出版社1995年版,第221页。
② 〔苏〕克涅采夫:《回忆列宁》第1卷,上海外国语学院列宁著作翻译研究室译,人民出版社1982年版,第211—212页。

观察"[1]。列宁原来工作在第一线，现在则退居第二线；原来是棋局中心的"当事者"，现在则成了某种"旁观者"；原来考虑的多是迫在眉睫、近在眼前的日常事务，现在则可以专门凝神思索那些具有长远影响的战略问题。

列宁本人正是这样提出问题的。他把自己的最后之作，称之为"我们的工作、我们的政策、我们的策略、我们的战略等等的总计划"[2]。诚然，列宁在这里提出了一个长远的战略设想，即一个文化经济落后的小农国家，怎样通过特殊途径和长期努力，逐步走上社会主义、建设社会主义的战略计划。

二、垂危时刻的"政治遗嘱"

把"列宁的最后之作"称为"政治遗嘱"，是有一定历史根据的。必须澄清的是，这不是通常法律意义上的"遗嘱"，不能用家长制的封建眼光来理解其中的含义。无产阶级政党的领袖并不是家长，党内也不可能有个人为组织设立遗嘱的制度。在这里，我们借用这种比喻性的说法，意在强调"列宁的最后之作"是他在生命垂危的最后阶段留下的政治遗言，是这位布尔什维克党创始人生前留下的宝贵历史经验，是他忍受着巨大病痛对后来人的政治忠告。要理解这一点，就不能不进一步了解

---

[1] 《列宁全集》第43卷，人民出版社1987年版，第397页。
[2] 《列宁选集》第4卷，人民出版社1995年版，第797页。

《论粮食税》《论我国革命》精学导读

列宁患病的病史和最后的经历。

列宁不是一个文弱书生,他有健康的体魄,喜欢投入大自然的怀抱,尤其喜欢散步、郊游和打猎。然而,长期奔波的流放和侨居生活,加之紧张艰苦的脑力劳动,对他身体产生了不好的影响,他先后患过胃炎、肠炎、严重的失眠症。不过,这种状况并没有阻碍列宁以忘我精神、精力充沛地主持党和国家的各项工作。

1918年8月30日,列宁在工人大会上发表讲演后,遭到社会革命党的女恐怖分子卡普兰的枪击。他身中两弹,身受重伤,其中一枪打断了左臂的骨头,另一枪打在颌下的肩胛骨上。后来取出的弹头经检测后发现,这是一种可以爆炸的达姆弹,弹头锉开过,浸入了剧毒,好在没有爆炸。医生当即给列宁做了大手术,一连几天列宁都有生命危险,报纸每天都会发布他的病情公告。在他卧床休息的半个多月里,人民委员会会议由全俄中央执行委员会主席斯维尔德洛夫和最高国民经济委员会主席李可夫轮流主持。但因国内战火四起,形势极其严峻,从9月16日开始,尽管子弹并没有取出来,列宁又重新开始了工作。但是,这次重伤使列宁大伤元气,难以承受如此繁重的日常行政工作。于是,在医生的一再坚持下,列宁不得不停止工作,到哥尔克村休息了三个星期。哥尔克过去是莫斯科市市长雷因博特的庄园,位于莫斯科郊外六十多里的地方。从此开始,直到列宁最后的日子里,哥尔克成了他的第二住所。他平常住在克里姆林宫的住所里,一旦身体不支时就会到这

第五章　列宁晚年"政治遗嘱"

里休养。但是，列宁的大脑并未停止思考，在这段短暂的休养期间，他写成了《无产阶级革命和叛徒考茨基》一书，接着又投入了紧张的工作之中。

经过战时共产主义和新经济政策的转舵时期，列宁长期处于高度紧张、疲劳过度的状态，到1921年底，体力不支的状态已经明显显现出来。他头痛得厉害，有时彻夜难眠。他在致高尔基的信中写道："非常抱歉，我写得很匆忙。疲倦得要命。失眠。我就要去治疗。"①他在给当时负责组织工作的莫洛托夫的信中写道："最近几天，尽管我减少工作，增加休息，但失眠却大大加重了。我担心，无论是在党代表会议上还是在苏维埃代表大会上，我都不能做报告了。请将此信转政治局各委员传阅，以备万一。"②12月21日，政治局决定，给列宁的病假延长到两个星期，后来假期一直延长到翌年3月末党的第十二次代表大会的召开。

列宁经常感到头疼难忍，严重失眠。医生推测，可能是1918年负伤后留在体内的毒弹引起的，决定取出肩胛骨上的那颗子弹，但另一颗子弹则触动一下都是极其危险的。1922年4月23日，列宁做了取出体内子弹的手术，仅仅休息了两三天，4月27日就开始参加政治局会议，随后整整一个月他都硬撑着主持政府和党的工作。

---

① 《列宁全集》第52卷，人民出版社1988年版，第111页。
② 《列宁全集》第52卷，人民出版社1988年版，第115页。

《论粮食税》《论我国革命》精学导读

1922年5月25日,列宁第一次中风。由于极度疲劳,脑动脉硬化,出现了脑出血的症状,右手和左脚活动失灵,讲话有些不清楚,这是列宁病情的第一次剧烈恶化。这种症状持续了将近三个星期,而后逐渐好转。从5月26日到10月2日,这四个多月的时间里,列宁一直在哥尔克村休养。

从1922年10月2日起,列宁重新回到莫斯科主持工作。尽管医生对他的工作时间做了种种限制,但他仍以特有的高效率、高强度开展工作。从10月2日到12月16日,这短短的70多天里,他主持了人民委员会、劳动国防委员会、政治局等机构召开的32次会议,接见了171个人(125次),撰写了224件公文信件和便条。高强度的工作,严重影响着列宁的身体健康,病魔悄悄地再次袭来了。

1922年12月16日,列宁第二次中风。这次病情的恶化,是从12月13日开始的,在这一天他两次发病。医生费尽口舌,终于说服列宁,放弃工作,准备再度去哥尔克村休养。但列宁还惦记着刚刚着手、千头万绪的工作。他抓紧时间做一些善后工作,并想继续处理外贸垄断制等重大争论问题。12月16日深夜,列宁再度发病,持续了35分钟之久,出现了脑出血的严重症状,右手和左脚完全麻痹,失去知觉。这是列宁病情的第二次剧烈恶化,从此以后,列宁的病情进入了后期。

"列宁的最后著作",主要是以口授形式写出的。在这一时期,尽管列宁有坚强过人的意志和强烈的生存愿望,但他当时自己已经意识到,可能会出现不测,自己的话可能是最后的遗

第五章 列宁晚年"政治遗嘱"

言。根据列宁的秘书福齐也娃当时记载的《列宁秘书值班日志》和事后写的《回忆列宁（1922年12月—1923年3月）》，从12月13日连续两次发病开始，"弗拉基米尔·伊里奇意识到病情正在发展，因此他说必须抓紧工作，不要为病痛弄得措手不及"[①]。12月23日晚6点，列宁请医生允许他做5分钟的口授，因为有一个问题使他不安，他担心因此贻误。列宁对速记员沃洛迪切娃说："我想向您口授一封给代表大会的信，您写吧！"[②]由此可见，列宁对所要讲的内容已深思熟虑，因此口授得很快，仅用了4分钟。但在这短短的4分钟里，病痛还是阵阵袭来，对一个身患脑出血的病人来说，这显然是一件非常艰难和痛苦的事情。

列宁这一时期的口授工作，就是由此开始的。其间，从开始的每天5分钟，逐渐增加到10分钟，后来增加到40分钟，上午和晚上各口授一次。列宁口授得相当快，思路相当清晰，可想而知，这些内容是经过反复思考的，一定花费了不少时间，经历了不少个不眠之夜。躺在病榻上的列宁，辗转反复地思索这些重大问题，为解决这些难题上下求索。

福齐也娃的回忆还表明，列宁是怎样看待自己的口授的，他是怎样看待这些作品的使命和命运的。"绝密的口授记录，通

---

① 〔苏〕福齐也娃：《列宁生活片断》，童树德译，湖北人民出版社1983年版，第161页。

② 中共中央马克思恩格斯列宁斯大林著作编译局编：《马列著作编译资料》第3辑，人民出版社1979年版，第159页。

《论粮食税》《论我国革命》精学导读

常都是密封,盖上火漆封。按照弗拉基米尔·伊里奇的要求,还要在信封上注明'弗拉基米尔·伊里奇亲拆'的字样。他又补充说:'他逝世以后,娜捷施达·康士坦丁诺夫娜代拆'。不过,这几个字没有写在信封上。"①

1923年3月6日,列宁第三次中风。由于长期的疲劳过度,在病榻上仍进行高度紧张的思索,也由于某些尖锐的党内分歧,特别是同斯大林的严重冲突,列宁难以抑制内心的激动。他在3月6日发出给斯大林的最后信件之后,病情第三次激烈加剧,健康状况剧烈恶化,相当严重的脑出血使列宁全身瘫痪,由此完全失去了语言能力。1923年夏天,尽管列宁的病情一度稍见好转,但是他从此没有再恢复语言能力和写作活动,也没有再直接参与政治活动。

"列宁的最后之作",是他第二次中风之后、第三次中风之前完成的经典之作。这不是普通意义上的理论著作,不是一挥而就的即兴之作。人们常常用"字字是血、字字是泪",来形容那些"惊天地、泣鬼神"的呕心沥血之作。可以毫不夸大地说,这是列宁用整个身心和生命写出的精心之作,是列宁战胜巨大病痛而留下的无价之宝,是列宁用生命最后之火点燃的思想火炬,是列宁用最后一滴热血浇灌的智慧花朵。正是在这一意义上,我们把"列宁的最后之作",称为他留给后人的"政治遗嘱"。

---

① 〔苏〕福齐也娃:《列宁生活片断》,童树德译,湖北大学出版社1983年版,第178页。

第五章 列宁晚年"政治遗嘱"

三、对社会主义整个看法的根本转变

"列宁的最后之作"虽然也只是一个建设社会主义道路的粗线条式的总体设想,但是它不同于前几个初步设想,尤其是不同于十月革命前、缺少实践经验基础的最初理论构想。列宁最后思考的显著特征,是具有深沉的历史感,是以丰富的实践经验为基础来立论的,是扎根于对俄国国情的具体分析,是包含着对正反两方面历史经验的理论反思,也是整个社会主义观念的根本转变。正是基于这种深厚的历史感和时代感,"列宁的最后之作"蕴含着对整个科学社会主义理论的重新理解和重新认识,是对走向社会主义建设道路的重新探索和重新发现。

在经过十月革命和实行新经济政策这两大历史转变之后,积累了战时共产主义与新经济政策的正反两方面历史经验,再加上列宁最后阶段对上述实践经验的思想加工、理论反思,最终形成了列宁晚年对社会主义的崭新理解。对"什么是社会主义""什么是社会主义的实质"等问题,列宁提出了不同于马克思主义创始人前期传统理论的新见解。正如列宁自己所说的:"我们不得不承认我们对社会主义的整个看法根本改变了。"[1]列宁这里强调指出的是"整个看法""根本改变",是对社会主义理解的全面而重大的改变,是整个社会主义基本观念的重大转折与重大创新。

---

[1]《列宁选集》第4卷,人民出版社1995年版,第773页。

列宁在这里直接提到的，似乎只是社会主义重心的转变，其实这只是问题的一个方面，实际上"列宁的最后之作"几乎都是对社会主义的重新理解。那么，究竟是哪些社会主义观念发生了根本改变呢？列宁本人并没有就此作出全面概括。斯大林和托洛茨基就列宁主义写了不少文章，却有意无意地忽略了列宁最后著作中的这一重要命题。当时在这方面做得较好的是布哈林，在《列宁的政治遗嘱》一文中引用了列宁的原话，但并没有做出认真系统的阐述。后来国内外的研究者几乎都没有进行系统的探讨，究竟列宁晚年对社会主义的理解发生了哪些重大变化。

为了把握列宁思想转变的脉搏，把"列宁的最后之作"同十月革命前夕的"第一设想"，尤其是《国家与革命》这篇理论名著相比较，是饶有趣味的。《国家与革命》的副标题点明了它的思想主旨，是依据马克思主义国家学说阐明"无产阶级在革命中的任务"。这一思想主旨同样贯穿"列宁的最后之作"，只不过问题的提法有了根本性的变化，这正是基于创新实践的理论反思和理论重构。

列宁最后进行的理论反思是多方面的，涉及社会主义理论的出发点、社会主义的道路、社会主义的实质等一系列根本观念的全面反思和重新认识。

1. 对社会主义理论出发点的反思

在社会主义理论出发点问题上，列宁发现和解决了两个独特的矛盾：从一般规律出发和从特殊国情出发的矛盾；科学社

第五章 列宁晚年"政治遗嘱"

会主义理论出发点与现实社会主义历史出发点的矛盾。

十月革命前,在缺少社会主义直接实践经验的历史前提下,在列宁的思想中存在着两种不同的思路:一种是从科学社会主义一般规律出发,对社会主义发展前景做出理论设想;另一种则主要是从俄国实际出发,探索它走向社会主义的特殊道路。当时这两种思路还很难统一起来,且前一种思路处于主导地位。这一点在《国家与革命》中表现得尤为突出,在谈论社会主义时,基本上没有跨出马克思主义创始人的基本理论,尤其是《哥达纲领批判》的理论框架。

在实践中,列宁实现了研究社会主义问题的理论出发点的转变,要求首先应从俄国的实际国情出发。他看到了这个出发点的根本转变:"对俄国来说,根据书本争论社会主义纲领的时代也已经过去了,我深信已经一去不复返了。今天只能根据经验来谈论社会主义。"①他批评那些患有"左派"幼稚病和革命空谈症的人,从理论上的"应有"出发,而不是从生活中的"现有""实有"出发,想根据理想形态的一般理论模式来制定行动纲领,想用"未来的砖头"来建设"现实的社会主义大厦":"这些偏激的同志没有注意到,在纲领中我们应当以现有的东西为出发点……我们应当以绝对确定的东西为出发点。"②1922年末,列宁在最后一次公开演说的尾

---

① 《列宁全集》第34卷,人民出版社1985年版,第466页。
② 《列宁全集》第36卷,人民出版社1985年版,第159页。

声之处，再度重新思索了这个思想出发点的问题："社会主义现在已经不是一个遥远将来，或者什么抽象图景，或者什么圣像的问题了……我们把社会主义拖进了日常生活，我们应当弄清这一点。这就是我们当前的任务，这就是我们当今时代的任务。"①

在"列宁的最后之作"中，上述两种思路依然存在，不过它们的关系发生了质的变化。从世界历史一般规律、科学社会主义一般原理出发，思考苏维埃俄国的特殊道路，已经成为一种知识背景、世界历史背景，退居到次要地位；具体分析俄国的现实国情，结合俄国社会主义道路的民族特点，则成了理论视线的主要焦点，居于理论思维的中心地位。更重要的是，上述两种思路不再是孤立并存的关系，而是以实践为基础、以后一种思路为主线、水乳交融的有机结合的关系，体现了马克思主义基本原理与俄国具体实践相结合的列宁主义思想精髓。

对理论出发点的上述反思，使列宁在理论上解决了社会主义史上的另一个独特矛盾：科学社会主义一般逻辑出发点与现实社会主义特殊历史出发点之间的矛盾。马克思主义创始人提出的科学社会主义，是以发达西欧社会为背景的，而社会主义的出发点是发达资本主义，是资本主义社会中高度发达的生产力，要冲破资本主义生产关系的桎梏，从而走向社会主义。而

---

① 《列宁全集》第43卷，人民出版社1987年版，第302页。

第五章　列宁晚年"政治遗嘱"

现实生活中的社会主义种子，偏偏没有落在这种理想的肥田沃土之中，而是落到了经济文化比较落后国家的贫瘠土壤上。现实社会主义的特殊历史出发点，是经济文化比较落后的小农国家，是前资本主义的落后的生产力和生产关系。列宁在拟定最初设想时，虽然开始注意到俄国的落后，但仍然不免在套用"从资本主义过渡到社会主义"这个一般公式："由于历史进程的曲折而不得不开始社会主义革命的那个国家愈落后，它由旧的资本主义关系过渡到社会主义关系就愈困难。"① 而到列宁晚年的新经济政策时期，他重新思考了俄国现实社会主义的特殊历史起点问题："我们经常爱谈论'我们'是从资本主义向社会主义过渡，却没有明确地想到这个'我们'究竟是指谁"；"在最近这几年，必须善于考虑那些便于从宗法制度、从小生产过渡到社会主义的中间环节……必须懂得，需要经过哪些中间的途径、方法、手段和辅助办法，才能使资本主义以前的各种关系过渡到社会主义。关键就在这里。"② "列宁的最后构想"的主要立足点，完全转移到了俄国现实社会主义的特殊历史起点上来。

对立足点、出发点的这种反思，引出了列宁对科学社会主义理论的重大发展，以及对马克思主义创始人的传统理论模式的重大超越。在社会主义历史长河中，包括我国在内的大多数国家，在今天仍然面临着上述出发点问题的独特矛盾。

---

① 《列宁全集》第34卷，人民出版社1985年版，第3—4页。
② 《列宁全集》第41卷，人民出版社1986年版，第215—217页。

2. 对社会主义道路的反思

对社会主义道路的反思，使列宁进一步发现和解决了"理想的道路"与"现实的道路""直接的道路""迂回的道路"之间的独特矛盾。

在社会主义历史长河中，存在着两条不同的社会主义道路。一条是理想的道路，即按照科学社会主义创始人的一般理论模式，在充分实现了劳动社会化的发达资本主义国家中，无产阶级将取得国家政权，并首先把生产资料变为国家财产，商品市场随之消除，而由无产阶级国家直接组织生产和分配，从而走向社会主义——这也是一条直接的道路。另一条是现实的道路，即在一个劳动社会化程度不高、自然经济和小商品经济大量存在的落后国家里，无产阶级国家只能通过一系列中间环节，特别是有计划地利用商品货币关系、市场经济体制，间接地、缓慢地、渐进地走向社会主义——这乃是一条迂回的道路。

这两条道路，到底走哪一条？列宁最初是不大明确的，甚至在理论上没有明确地区分出这两条道路，特别是未能区分出不同于传统理论的后一条道路。因为前一条道路在科学社会主义创始人著作中以理论观念形态存在着，后一条道路则在理论上和实践上都还未曾有过。列宁当时还处于寻求彷徨之中，他曾一度更倾向于走前一条道路，不过也萌生了通过国家资本主义等中介环节走后一条道路的宝贵思想萌芽。战时共产主义时期的历史经验表明，前一条道路虽然是一条理想的道路、直接

第五章 列宁晚年"政治遗嘱"

的道路,但对一个相当落后的小农国家来说,却是一条充满幻想、难以走通的死路,导致危机、自取灭亡的绝路。因此,在新经济政策时期,不能不实行一次"换车",走上了后一条道路。这虽然是一条迂回曲折的道路,却是一条现实可行的道路。

列宁后期对社会主义的两种不同类型的道路问题,同样进行了反思。在他最后写成的《宁肯少些,但要好些》一文尾声,在提到苏维埃俄国所选择的战略策略的总计划时,他指出:"我们的文明程度也还够不上直接向社会主义过渡,虽然我们已经具有这样做的政治前提。"①选择什么样的社会主义道路,主要取决于走向社会主义道路的历史出发点和历史前提,特别是社会经济结构和社会文明程度,是发达资本主义文明占上风,还是以前资本主义的封建宗法制度为主体。走向社会主义历史起点的不同水平,必然决定着走向社会主义道路的不同类型。走向社会主义的历史起点的相对落后,并不意味着完全不能迈上走向社会主义的道路,而是意味着必须探索一条新路,不同于发达西欧的社会主义道路,一条更为迂回的、缓慢的、曲折的道路,也是一条更为现实的历史必由之路。

3. 对社会主义实质的反思

列宁对"什么是社会主义""什么是社会主义实质"的反思,使他更深地触及了"抽象理论中的社会主义"与"具体实践中

---

① 《列宁选集》第 4 卷,人民出版社 1995 年版,第 796 页。

《论粮食税》《论我国革命》精学导读

的社会主义",以及"理想化的社会主义"与"活生生的社会主义"之间的微妙差异。

最初在《国家与革命》中,列宁谈论的大多是抽象理论中的、理想化的社会主义。尽管这也是一种基于历史实践的科学抽象,但毕竟只是一种远离俄国具体实践的高度抽象和公式世界。后来,列宁理论探索的重心转移了,更多地关注现实生活中的、活生生的社会主义。在这里,抽象与具体、理论与现实怎样通过复杂的中介环节统一起来的问题,还远远没有得到很好的解决。在战时共产主义时期,出现了不顾俄国历史条件,简单抹平抽象理论中的、理想化的社会主义与具体实践中的、活生生的社会主义之间的差异的倾向。

而到列宁后期,以新经济政策时期的历史经验为素材,以最后阶段的理论反思为催化剂,对"什么是社会主义""什么是社会主义实质"的反思,形成了全新的理解。这种方法观念上的根本变化,意味着从天上回到地上,从理念世界来到现存世界,从抽象理论中的、理想化的社会主义落实到具体实践中的、活生生的社会主义。这种重新理解至少表现在以下五个层次上。

第一,对社会主义机体运行机制实质的理解改变了。列宁原来根据马克思主义传统理论模式,把社会主义社会设想为一个没有商品货币关系、高度集中的行政管理而内部机理简单的"大工厂","整个社会将成为一个管理处,成为一个劳动平等和

第五章 列宁晚年"政治遗嘱"

报酬平等的工厂"①。因而，列宁认为管理这个社会相当简单，几乎可以归结为"一个中心、行政命令、上传下达、收收发发"的简单公式。而到后期，列宁更倾向于把社会主义社会看成一个存在着商品货币关系、经济利益多元化、内部机理相当复杂的"大合作社"。他不止一次地强调，在生产资料公有制为主导的条件下，"文明的合作社工作者的制度就是社会主义制度……在我国的条件下合作社往往是同社会主义完全一致的……对我们来说，合作社的发展也就等于社会主义的发展"②。粗看起来，"社会主义是个大工厂"与"社会主义是个大合作社"，这两个设想之间似乎没有多大区别，而实际上二者有本质区别，反映了对社会主义机体运行机制实质迥然不同的理解。区别就在于合作社是商品买卖机关，其中社会集团的关系带有复杂中介性、商品货币性、相对独立性、经济自主性。显然，对于小农国家现实社会主义的最初阶段来说，前一个设想是理想化、简单化了的幻想，后一个设想才更接近于社会主义现实生活。

第二，对实现社会主义最终目的的理解改变了。列宁根据科学社会主义理论，反复强调一个著名公式——"社会主义就是消灭阶级"，认为"凡自称为社会主义者的人，都承认社会主义的这个最终目的"③。问题是怎样达到这个最终目的，列宁原

---

① 《列宁选集》第3卷，人民出版社1995年版，第202页。
② 《列宁选集》第4卷，人民出版社1995年版，第771—773页。
③ 《列宁选集》第4卷，人民出版社1995年版，第10—11页。

先认为主要靠阶级斗争。这种斗争又分两步走：第一步是同剥削阶级斗，消灭地主和资本家；第二步更重要的是同农民小生产、私有者斗，最终消灭工农差异。在社会主义时期，列宁特别强调第二步斗争，甚至认为："小资产阶级自发势力是我国社会主义的主要敌人。"①这第二步，说穿了主要就是同作为小私有者的农民斗。列宁后期在这一点上，几乎有一个180度的大转弯，就是认为在一个小农占人口绝大多数的国度里，要走向社会主义最终目标，不是靠同农民"斗"，而是靠同农民"和"，靠"无产阶级和千百万小农及极小农结成了联盟"②。在这里，列宁原先的主要格言是"谁战胜谁"，而后来的主要格言则是"谁联合谁"。在一个小农国家中，只有后一条道路才是现实的社会主义，前一条道路只能是虚幻的社会主义。"列宁的最后之作"，明确地点出了这种本质区别："而这又正是主要之点。幻想出种种工人联合体来建设社会主义，是一回事；学会实际建设这个社会主义，能让所有小农都参加这项建设，则是另一回事。"③

　　第三，对社会主义实质的理解改变了。在提出"社会主义就是消灭阶级"这个公式之后，列宁当时还提出了"社会主义实质"的定义："无产阶级应当把劳动者农民和私有者农民，即把种地的农民和经商的农民、劳动的农民和投机的农民区别开

---

①《列宁选集》第3卷，人民出版社1995年版，第521页。
②《列宁选集》第4卷，人民出版社1995年版，第768页。
③《列宁选集》第4卷，人民出版社1995年版，第768页。

第五章 列宁晚年"政治遗嘱"

来,划分开来。这种划分就是社会主义的全部实质所在。"①那么,列宁为什么会对社会主义实质作出这种概括呢?这是由于列宁当时把无产阶级专政时代的俄国经济的主要矛盾,归结为两个方面的斗争:一方面是工人国家在全国范围内按共产主义原则联合起来进行劳动的最初步骤;另一方面是小商品生产,是还保存着的和在小商品生产基础上复活着的资本主义。他甚至倾向于把社会主义时期的主要矛盾、主要阶级斗争形式,也归结为农民作为小商品生产者,反对由国家分配农产品。而列宁后期则越来越清楚地认识到,根本不可能把"种地的农民"和"经商的农民"截然区分开来,这正是农民不可割裂的二重性。千百万从事小商品生产的小农经济——这是苏维埃俄国一切社会存在中最大量、最普遍、最基本的存在,劳动与经商是他们最本质的二重性。因此,通过工人国家调节下的市场和农民结成联盟,成了社会主义经济政策的实质:"为了逐渐发展强大的工农联盟,只能在工人国家的领导和监督下利用商业并逐步发展农业和工业,使其超过现有水平……我们新经济政策的基础和实质全在于此。"②在最后著作中,他把通过合作制来吸引农民,找到私人买卖的利益与国家的检查监督相结合的尺度,视为"过去许许多多社会主义者碰到的绊脚石……建成社会主义社会所必需而且足够的一切"③。不难看出,原来

---

① 《列宁选集》第4卷,人民出版社1995年版,第65页。
② 《列宁全集》第42卷,人民出版社1987年版,第335页。
③ 《列宁选集》第4卷,人民出版社1995年版,第768页。

对社会主义实质的提法是抽象的,是脱离俄国实际的逻辑推论,后来的提法才是具体的,抓住了小农国家搞社会主义建设的关键所在。

第四,对社会主义与资本主义关系的理解也改变了。从十月革命前到战时共产主义时期,列宁几乎主要(不是完全)是根据马克思主义创始人的理论设想,根据世界历史发展的一般规律,抽象地谈论社会主义与资本主义的关系。他对无产阶级专政时代的特点,有一段著名概括:"这个过渡时期不能不是衰亡着的资本主义与生长着的共产主义彼此斗争的时期,换句话说,就是已被打败但还未被消灭的资本主义和已经诞生但还非常幼弱的共产主义彼此斗争的时期。"①按照这种提法,社会主义与资本主义的关系,主要归结为两点:社会主义必然完全高于资本主义,社会主义与资本主义是绝对排斥的斗争关系。而在走过曲折道路之后,列宁终于看清,上面的传统提法,从世界历史、一般规律角度讲,无疑有某种科学真理,但是对俄国现实社会主义来说,却是一种脱离现实生活的抽象公式。列宁在新经济政策时期,重新分析了现实社会主义与资本主义关系的复杂性和二重性:"'我们'直到现在还常常爱这样议论:'资本主义是祸害,社会主义是幸福。'但这种议论是不正确的,因为它忘记了现存的各种社会经济结构的总和,而只从中抽出了两种结构来看。同社会主义比较,资本主义是祸害。但同中世

---

① 《列宁选集》第 4 卷,人民出版社 1995 年版,第 59 页。

第五章 列宁晚年"政治遗嘱"

纪制度、同小生产、同小生产者涣散性引起的官僚主义比较,资本主义则是幸福。"①现实社会主义恰恰生长在中世纪制度、小生产、官僚主义大量存在的国度里,必须善于借用国家资本主义这座引桥,借用发达资本主义的资金、技术、科学成果、管理方法等来建设社会主义,这是现实社会主义发展的历史必由之路。只有借助与吸收资本主义文明成果作为一股清新的活力源泉,才能彻底克服根深蒂固的封建主义、官僚主义、小生产的劣根性,才能完全摆脱中世纪半亚细亚国家的沉重历史包袱,才能使现实社会主义真正消除前资本主义的胎痕。现实社会主义不仅是资本主义的对立面,而且是资本主义发达文明的继承者;不仅是资本主义的批判者,而且是资本主义积极成果的汲取者;同资本主义不仅有许多对立点,而且有许多衔接点、交错点。列宁在最后之作中谈论社会主义的历史命运和发展途径,贯穿了对社会主义与资本主义复杂辩证关系的这种重新理解。

第五,对社会主义的工作重心和实质的理解改变了。列宁原来在工会争论中,运用他已往的思想,提出了一个著名公式:"政治同经济相比不能不占首位。不肯定这一点,就是忘记了马克思主义的最起码的常识。"②简单地把这种观点移植到社会主义工作重心问题上来,就是把政治斗争、阶级斗争摆在首位,

---

① 《列宁全集》第41卷,人民出版社1986年版,第217页。
② 《列宁选集》第4卷,人民出版社1995年版,第407页。

作为工作重心和社会主义的实质内容。在实行新经济政策之后,开创了一条通过发展市场经济走向社会主义、建设社会主义的新道路。因此,列宁对社会主义条件下经济与政治的关系,以及对社会主义的工作重心和实质的看法,有了全新的提法。他在最后之作中,谈到对社会主义整个看法的根本改变时,首先直接提到的就是这一点:"这种根本的改变表现在:从前我们是把重心放在而且也应该放在政治斗争、革命、夺取政权等等方面,而现在重心改变了,转到和平的'文化'组织工作上去了。"①按照过去的传统见解,建设社会主义实质上主要是搞政治斗争、阶级斗争,夺取政权、巩固政权,而按照列宁后期的新见解,建设社会主义实质上主要是搞市场经济、文化建设,发展经济、发展文化。

列宁后期基于十月革命后的新鲜实践经验,对什么是社会主义的起点、道路和实质等问题,做出了深刻的历史反思,提出了不同于科学社会主义传统理论的新理解、新观点,解决了马克思主义发展史上"十九世纪经典理论"与"二十世纪新鲜实践"的矛盾,因此在理论和实践的统一中向前推进了科学社会主义的理论与实践。这是马克思主义发展中的重大自我超越,也是列宁主义思想发展中的重大自我超越。列宁这种新的理论创造,虽然根源于丰富的实践经验,而最后阶段的理论反思也起了不可忽视的思想升华作用,这是列宁社会主义观念更新的伟大思想实验室。

---

① 《列宁选集》第 4 卷,人民出版社 1995 年版,第 773 页。

第五章 列宁晚年"政治遗嘱"

四、列宁社会主义思想制高点

列宁的思想，特别是他的科学社会主义理论，不是一成不变的，而是犹如源头活水，一直都处于充满矛盾的辩证发展过程之中。纵观列宁的整个社会主义学说的思想走向，有两次最有意义的重大转折。

第一次重大转折是十月革命，第一次使社会主义的科学理论转化为生活实践、社会制度、新型文明。在短短的七年里，列宁的科学社会主义理论经历了急剧的发展。在错综复杂的历史剧变当中，列宁的思想犹如奔腾起伏的长江大河，既有一以贯之的思想主流，又有许多激流交错，有时甚至掀起了瀑布般的跌宕起伏，前后形成了鲜明对照。

第二次重大转折是从战时共产主义政策转入新经济政策，抛弃了那种脱离俄国实际的空想道路，走上了一条适合俄国国情的现实道路。

这就提出了一个问题：列宁科学社会主义理论的思想制高点在哪里？列宁社会主义学说，尤其是社会主义建设学说的思想制高点，就体现在他十月革命之后的著作之中，后期新经济政策时期的著作之中，特别是他的最后著作之中。"列宁的最后之作"尽管在表述形式上不如他的前期某些著作那样具有理论性、系统性、成熟性，但是就其思想实质来说，却是列宁毕生探索的思想升华，是他思想真正达到炉火纯青的成熟之果，是

《论粮食税》《论我国革命》精学导读

他披肝沥胆的传世之作。

为了理解列宁最后之作的特殊理论意义,有必要同列宁其他时期的著作,作一番简要的历史比较研究。

同十月革命前的科学社会主义著作相比,列宁最后著作具有前者不可比拟的实践性,反映了列宁对科学社会主义创始人的传统理论的继承发展与重大超越,也反映了列宁在社会主义理论上的自我超越与重大创新。

十月革命前,列宁在科学社会主义理论的一系列重大领域中,已经继承和发展了马克思主义创始人的理论。较为突出的是:早期活动中对建党理论的新开拓;1905年革命中无产阶级在民主革命中的新策略;第一次世界大战中的帝国主义论、一个国家可以首先开辟社会主义道路的理论;1917年革命中对国家与革命学说的系统阐发。可是,在对社会主义的根本理解上,列宁基本上没有超越马克思主义创始人的理论框架,大体上是根据《哥达纲领批判》拟定的理论要点来谈论社会主义基本特征的。对于俄国这样一个比较落后国家的社会主义道路问题,还只是提出了问题,很少有具体回答。原因很简单,当时还缺乏社会主义的直接实践。他对社会主义的理解主要还是一种科学预见、科学假说,必然会掺杂着某些幻想因素。

列宁后期的著作,则植根于十月革命后的新实践,在对社会主义的理解上实现了巨大飞跃。在什么是社会主义、什么是走向社会主义的道路、什么是建设社会主义的道路问题上,列

第五章 列宁晚年"政治遗嘱"

宁提出了一些新的观点。在社会主义和商品市场的关系、和农民的关系、和资本主义的关系等一系列重大问题上，列宁都做了富于独创性的新探索。列宁的思考重心不再局限于科学社会主义的一般原理，而是在马克思主义一般原理与俄国具体实践相结合的高度上，探讨苏维埃俄国走向社会主义、建设社会主义的特殊道路和特殊规律。因而可以说，列宁最后著作是对自己十月革命前社会主义学说的继承与超越，也是对 19 世纪科学社会主义传统理论和科学预见的继承与超越。

同列宁十月革命之后、新经济政策时期之前的著作相比，列宁最后著作具有更高的科学性，其本质区别就在于是否找到了苏维埃俄国走向社会主义、建设社会主义的现实道路。

探索苏维埃俄国的社会主义道路，是一个历史过程。列宁在十月革命后最初几年的著作也做出了有益的探索。如果没有这些探索中包含的正确思想萌芽和对认识失误的借鉴，也就没有后来所找到的正确道路。然而，如果历史地考察，就应当承认，在新经济政策之前，列宁并没有找到一条苏维埃俄国怎样走向和建设社会主义的正确途径。在这个最初的摸索阶段，可以区分出三个时期。

第一时期，是从 1917 年十月革命到 1918 年初，主要任务是用"赤卫队进攻资本"，忙于夺取政权、没收资本、实行国有化，为走向社会主义提供政治前提。轰轰烈烈的大革命热潮，暂时掩盖了俄国的落后性、愚昧性和特殊性。无论是在布尔什维克的实践中，还是在列宁的著作中，如何探索具有俄国特点的社会主义道路问题,还没有真正摆到日程上来。

　　第二时期,是从 1918 年春天到夏天,这是一个短暂的和平喘息时期,列宁开始探讨苏维埃俄国走向和建设社会主义的特殊道路,主张在存在多层次经济结构的状况下,利用国家资本主义作为中介,建立国家垄断制,从而较为直接地走向社会主义道路。这是一个徘徊摸索、琢磨不定的摇摆时期:一方面萌发了根据俄国国情、走迂回道路的宝贵思想萌芽;另一方面思想主流却囿于传统理论框架,仍试图走直接过渡的理想化道路。这里有几个根本问题处于内在矛盾之中,没有真正解决:虽然提出了利用国家资本主义的问题,却没有触及对此有关键作用的商品市场问题;虽然提出了利用国家资本主义作为中介环节的问题,但它所服从的目标模式却是在较短的时间里建立强大的国家垄断制,走上由国家直接组织生产和分配的道路;虽然看到了农民小商品生产在多层次经济结构中的数量优势,却忽视了同农民结成经济同盟的头等重要性和现实的道路。

　　第三时期,是战时共产主义时期,作为战时体制是必要和正确的,而作为一条建设社会主义的道路来说,基本上是脱离国情的非现实的道路,必然会走向挫折的道路。列宁在这一时期的指导思想,也出现了一系列摸索之中的曲折:在一个劳动社会化程度相当低的落后国家中,企图利用国家行政命令的超经济强制手段,建立极端集中的经济体制,即通过强力排除商品市场的途径,建立对生产和分配的国家垄断制,以此为跳板直接过渡到社会主义;把小农生产的自发商品性看成是无产阶

第五章 列宁晚年"政治遗嘱"

级专政时代的主要危险,把小农自发地抵触国家垄断制看成是过渡时期阶级斗争的主要形式,实际上是把无产阶级国家在经济上的主要帮手当成了主要对手;把劳动军、劳动义务制、共产主义星期六义务劳动,看成是"社会主义新社会的一个细胞"、"社会主义劳动方式的具体方式"①,在社会主义国有制企业中推行高度集中的管理制度和平均主义的分配制度,企图靠政治热情把人们直接引到社会主义和共产主义。因而可以说,列宁在这一阶段还没有找到苏维埃俄国走向社会主义建设的正确道路,在本质上是科学社会主义的理论中还掺杂着某些理想化的杂质,还处于在黑暗中摸索的阶段。

列宁真正找到了苏维埃俄国走向社会主义、建设社会主义的正确道路,是在1921年后的新经济政策时期。在这一时期,列宁的整个经济理论、社会主义理论,都发生了重大变化。此前的各个阶段、各个时期,只能说是试验、摸索和徘徊的时期,最多只是找到了这条正确道路的个别入口、个别门径、个别环节。他在最后一次参加的党代表大会——1922年举行的第十一次代表大会上,十分郑重地指出了这一点:"我们还没有找到建设社会主义经济、建立社会主义经济基础的真正途径,但我们有找到这种途径的唯一办法,这就是实行新经济政策。"②正是在新经济政策时期,列宁冷静地分析了失败与成功的历史经验,

---

① 《列宁选集》第4卷,人民出版社1995年版,第14、130页。
② 《列宁全集》第43卷,人民出版社1987年版,第73页。

克服了自己先前社会主义理论中存在的那种尚未解决的内在矛盾,也纠正了战时共产主义道路在指导思想上的重大失误,费尽千辛万苦找到了一条正确道路。正如列宁最后著作中所说的,"对社会主义整个看法的根本改变",转折点和立足点都是走上新经济政策道路的实践。因此严格地说,这一根本改变是从新经济政策时期真正开始的,在最后著作的反思中得到基本实现。由于列宁最后著作是新经济政策道路的理论升华和继续发展,因而它比先前的著作具有更加严格意义上的科学性。

同新经济政策前两个阶段的著作相比,列宁最后著作具有更高程度的成熟性,更为深入、更为全面地探讨了如何保证走上迂回道路的"新经济政策的俄国将变成社会主义的俄国"的问题。

在驶入新经济政策轨道之后,列宁对社会主义理解的根本转变初步实现了,一条俄国走向社会主义建设的正确路径大体上摸索到了,列宁关于社会主义道路的理论也基本定型了。从此以后,他的思想轨迹没有再发生前述几个阶段中的那种急剧转折。同时,列宁新经济政策的理论与实践,也仍然是一个不断修正、不断补充、不断完善、不断成熟的历史过程。仅就列宁新经济政策的思想发展而言,主要经历了三个发展阶段:1921年初至11月前为第一阶段;1921年11月至1922年11月为第二阶段;1922年末至1923年3月为第三阶段。列宁在第三阶段完成的最后之作,包含着一些前所未有的崭新因素,比前两个阶段的思想更成熟、更完备。

第五章 列宁晚年"政治遗嘱"

第一阶段是从战时共产主义开始转入新经济政策的转折时期,列宁思考的主题是"怎样迂回"的问题,主要代表作是《论粮食税》。人们在谈论新经济政策思想时,常常举出这一著作,并根据其中的思想来立论。作为从理论高度对新经济政策做出的第一次系统论证,它的重要理论意义自不待言,但是同列宁后期的著作相比,它又仅仅反映的是列宁在新经济政策初期的理论认识,还留下了一系列没有完全解决的重大问题。列宁还没有完全放弃那种由国家集中控制的社会主义产品经济模式,只是主张暂时退到国家控制下的地方周转,工农业之间的产品交换;在理论上还没有完全抛弃"自由贸易就是资本主义"的简单公式,因而在很大程度上还把给小农以一定范围内的贸易自由看成是迫不得已的权宜之计,总是试图把市场大门开小点;当时还仅限于给小农贸易自由,还没有解决在社会主义国营经济内部利用商品货币关系的问题;合作制的性质和意义还远没有得到充分认识,还只作为国家资本主义的四种具体形式之一。这些问题正是在列宁以后著作、特别是最后之作中,得到了科学解答。正因为如此,我们不应当把初期的《论粮食税》作为列宁新经济政策思想发展的理论制高点,不应当到这里来寻求最为成熟的"建设社会主义的列宁构想"。

第二阶段是实行第二步退却的新经济政策的深化时期。中心问题是对战时共产主义和新经济政策初期的实践经验进行初步的理论反思,从战略高度进而阐明"为什么要迂回"的问题,并就此解决实行第二步退却,退到"国家指导下的市场"的问题。列宁的代表作是这一时期开头写的一组论文,有《关于工会在新经济政策条件下的作用和任务的提纲草案》,以及在党的第十一次代表大会上所作的《俄共(布)中央委员会政治报告》。在这一阶段,列宁的新经济政策思想继续发展,在思想的深度上、广度上、高度上,都有新的开拓。从思想深度方面讲,从地方周转的产品交换,进一步退却到"由国家来调节商业和货币流通",进一步抛弃了社会主义与商品市场水火不相容的僵化观念。从思想广度方面看,把商业原则推广到社会主义国营企业内部,确立企业实行经济核算制。从思想高度方面说,开始上升到一个比较落后的小农国家怎样走向社会主义建设的战略高度,把实行新经济政策、开放商品市场、走迂回道路,看作一条历史必由之路。因此,这一时期列宁的社会主义理论又向前迈进了一步。然而,这一时期依然遗留下一系列问题没有解决。其中,一个根本问题,就是怎样对待实行新经济政策之后不可避免地出现的危险、消极面和资本主义因素的发展。说到底,就是走上迂回道路的俄国,如何保证社会主义建设的方向和前景。这一时期出现了某些危险苗头:一部分人滥用新经济政策,钻市场的空子,投机取巧,大发横财,被称为"耐普曼";对于如何控制资本主义因素的问题意见不一,外贸垄断制有所动摇,合作制弃置一旁;更重要的是党和国家机关中的官僚主义严重滋长,贪污受贿等腐败现象时有发生。因此,列宁提出了这个新问题,敲起了警钟:"这个新经济政策所采取的每一

第五章 列宁晚年"政治遗嘱"

个步骤都包含着许许多多的危险……新经济政策所造成的情况,如小型商业企业的发展、国营企业的出租等,都意味着资本主义关系的发展……我们目前经济现实中的矛盾比实行新经济政策以前要多:居民中某些阶层即少数人的经济状况有了部分的、些许的改善,但是另一些阶层,即大多数人,他们得到的物质资料同他们的基本需要则完全不相适应。矛盾增加了"①;"必须善于克服新经济政策的一切消极面,使之缩小到最低限度"②。

第三阶段是新经济政策的进一步完善时期。在这一时期,列宁思考的主题是"迂回之后怎么办",即走上迂回道路的苏维埃俄国怎样走向社会主义、建设社会主义的道路问题。比起前述阶段来说,这是一个更广泛、更深刻、更长远的问题。这一时期列宁理论探索的结晶,就是他的最后著作。因而与以前相比,列宁的理论星空中又增添了一些崭新因素:①如何把握退却的界限,使与新经济政策伴生的副作用和消极面控制到最小限度;②如何在实行战略退却、走迂回道路的情况下,通过长期的努力,稳步地建设社会主义;③如何通过合作制,进一步把小农引上社会主义建设之路,使合作制成为继国家调节商业、国家资本主义之后,走向社会主义的第三个重要入口;④如何克服经济文化落后的历史背景对社会主义发展

---

① 《列宁全集》第42卷,人民出版社1987年版,第231—232页。
② 《列宁全集》第43卷,人民出版社1987年版,第301页。

前景投下的巨大阴影，特别是如何消除官僚主义化的严重弊端；⑤如何在实行新经济政策的同时，实行政治制度的改革和文化革命，把握"经济—政治—文化"的总体发展战略，确保社会主义建设的发展前景。尽管列宁最后著作中还有许多没有解决的难题，但由于有了这些新的拓展，列宁科学社会主义理论的成熟性不仅大大超越了新经济政策以前的著作，而且在理论思想的高度上也超越了新经济政策最初两个阶段的著作。可以说，从十月革命前列宁就开始了对苏维埃俄国社会主义道路的探索，从新经济政策时期开始在实践中初步摸索到了一条正确的道路，而到最后著作中这条道路才从理论上确立起来。

从列宁社会主义建设计划的发展史来说，它的完成阶段是在列宁写最后著作时期。苏维埃俄国走向社会主义、建设社会主义的总体构想，是列宁科学社会主义理论的思想中枢，也是衡量成熟程度的主要准绳。综上所述，列宁在十月革命前后先后提出过五个初步设想，列宁晚年最后构想在此基础上又有所创新、有所前进。

列宁晚年最后构想更富于成熟性，在前面几个设想中，尤其是十月革命前的最初设想和战时共产主义时期"第三设想"中，某些暂时还从本本出发的幻想成分在这里得到扬弃，某些被社会实践证明是过时了的传统理论框架得到了匡正，某些过于理想化的不成熟思想得到了纠正。

列宁晚年最后构想也更富有综合性，除了经济建设构想之外，还有政治建设、文化建设的构想；除了苏维埃俄国社会主

第五章 列宁晚年"政治遗嘱"

义建设计划之外,还鸟瞰了作为整个历史背景的国际形势新格局,民族问题的新意义等等。上述各个方面的总和,构成了我们所说的建设社会主义道路的"列宁的最后构想"。在这里,从资本主义向社会主义过渡的一般规律、落后国家社会主义道路的特殊规律、苏维埃俄国社会主义建设的个别规律结合到一起,电气化计划、合作制计划、文化革命计划熔为一炉,经济建设、政治建设、文化建设三大构想连成一片。列宁先前几个设想中包含的合理思想,几乎(不是全部)都在这里得到了体现和升华。

列宁晚年最后构想又更富有战略性,他不仅解决了苏维埃俄国的社会主义建设为什么要走迂回的道路、怎样走迂回道路的问题,而且探讨了如何沿着这条曲折的新路去建成社会主义的问题,这里所提出、解答和遗留的问题,具有更长远、更普遍、更具有全局性的战略意义。

因此,尽管列宁晚年最后构想仍有许多不够完善的地方,只是一幅粗线条大致勾画的草图,依然留下一堆难以解答的问题,但它毕竟标志着列宁制订社会主义建设计划的历史的新阶段,标志着"建设社会主义道路的列宁构想"的最终形成。

马克思提出了历史研究中具有普遍意义的追溯法:对人类生活形式的思索,从而对它的科学分析,总是采取同实际相反的道路;这种思索是从事后开始的,也就是说,是从发展过程的完成的结果开始的;人体解剖对于猴体解剖是一把钥匙,低等动物身上暴露的高等动物的征兆,反而只有在高等动物本身已被认识之后才能理解。①

　　列宁科学社会主义理论的发达机体和思想制高点，就在列宁实行新经济政策之后的后期思想，尤其是他的最后构想之中。只有占领了列宁思想的制高点，才犹如站在高山之巅、一览无余地综观列宁整个社会主义思想的发展脉络；只有把握了列宁思想的发达机体，才好比找到一把金钥匙，才能真正把握列宁社会主义建设道路的思想实质；只有深入剖析了列宁思想的这一最后成熟形态，才掌握了一把玉尺，才能准确地区分列宁各个时期思想中成熟与不成熟的因素。

　　这就是"列宁的最后之作"的特殊历史地位，也是研究"列宁的最后之作"的特殊理论意义。

---

① 《资本论》第1卷，人民出版社1975年版，第92页。

第六章 《论我国革命》的思想精髓

——科学社会主义统一性与民族特色多样性

列宁晚年最后构想的思想真谛是什么？这几乎成为一个多年来百思不得其解的理论难题，多少思想家都根据自己的特殊视角做出了解释。许多人着眼于到列宁最后著作中来寻章摘句，挑选满足自己需要的个别原理、个别论断。这种形式主义的做法，很难深入挖掘"列宁的最后之作"的思想底蕴。

细细分析起来，列宁最后著作中包含着既相互联系又相互区别的三个层次的理论内容：对个别领袖人物的具体分析和希望党代表大会立即着手的具体措施；建设社会主义的战略策略的长远规划；这种规划的理论基础和哲学基础。可以说，层次越低，问题就越具体，当时就越迫切，适用的范围越有限，越容易过时；层次越高，问题就越抽象，理论内容就越一般，适用范围也就越普遍，意义随之也就愈深远。列宁晚年最后著作的思想精髓，显然不应当到较低层次上去寻找，而应当到最高层次上去探寻。

《论粮食税》《论我国革命》精学导读

一、社会主义道路的多样性和民族特色

要想真正抓住列宁最后著作这组历史文献的思想精髓,不能不首先注意到《论我国革命(评尼·苏汉诺夫的札记)》这篇论文在列宁最后之作中的独特地位。它构思最早而完成却近于最后,是列宁最后之作中特别着力的一篇。为了写成这篇短文,列宁忍受着巨大病痛,翻阅了苏汉诺夫的《关于革命的札记》第3卷、第4卷和第7卷。它也是列宁最后之作中理论色彩最浓、哲理性最强的一篇,以至被福齐也娃称为这段时期列宁口授的"唯一的一篇论文"①。《论我国革命》这篇短小论文的特殊地位,就在于它是专门侧重于上述第三层次的思想内容,具有较高的哲学理论思维与世界历史高度,因而它集中映现着列宁后期的历史哲学与辩证法灵魂,是理解整个列宁构想的一把钥匙。

《论我国革命》这篇论文,实质上是列宁晚年最后构想的方法论和"哲学篇",是列宁战略构想的哲学基础和哲学总结,最为集中、最为鲜明地体现了列宁后期的思想精髓,是列宁辩证法的活的灵魂。但是,这篇论文的理论意义,至今还远远没有引起足够的重视。人们还很少把它列为列宁的重要哲学著作之一。许多论及列宁最后之作的教科书,都只字没有提到它的深

---

① 〔苏〕福齐也娃:《列宁生活片断》,童树德译,湖北人民出版社1983年版,第104页。

第六章 《论我国革命》的思想精髓

邃思想。①对于它的思想深意所在,也众说不一:过去很长一段时间里,康生把它歪曲成是"批生产力论"的;粉碎"四人帮"后,有些同志批判了康生的上述提法,认为他是讲可以先夺取政权、后搞建设的;苏联某些学者则认为:"列宁主要关心的基本问题,就是社会主义命运问题。"②那么,究竟它的深刻命意何在呢?

列宁并非轻易地选择了这个引起世界性争议的大题目,而是刻意要从世界观、方法论的高度,即历史哲学和唯物史观的高度来总结俄国社会主义的历史经验,从根本上揭示出种种反对俄国革命的机会主义谬论的认识根源和哲学基础。它的思想精髓在于:俄国社会主义革命是新时代历史辩证法的必然产物,它充分显示出世界历史发展中一般与个别的深刻辩证法:必须打破社会主义只有西欧发达资本主义国家一条道路的死板公式,俄国和东方将探索不同于西欧的、社会主义的多样化的新道路。贯穿列宁最后著作的一根思想主线就是:理论与实践、一般规律与民族特点、马克思主义基本真理与俄国特殊国情的辩证统一。从苏汉诺夫到普列汉诺夫、考茨基,之所以戴上有色眼镜来看待俄国社会主义的新道路,从认识论根源上来说,不懂得这种深刻辩证法是通病。他们把唯物史观的五种生产方

---

① 联共(布)中央特设委员会:《苏联共产党(布)历史简明教程》,人民出版社1954年版,第75页。

② 〔苏〕波斯别洛夫主编:《列宁传》,马京、华国译, 生活·读书·新知三联书店1960年版,第621页。

式、社会经济形态理论看成是单线进化的机械图式,把生产力在历史中的决定性作用看成是机械决定论的简单公式。因此,他们认为落后的俄国既然没有像西欧那样经历资本主义的充分发展,没有发达的物质生产力做物质前提,那么走上社会主义道路只能是"历史的误会"和"最大的灾难"。马克思主义经典作家创立的唯物史观,自身包含着辩证法的灵魂;而这些第二国际理论家的主要理论缺陷就在于缺少辩证法的活的灵魂,从而钝化了历史唯物主义的革命锋芒。列宁历史哲学的显著特征,是恢复并深化了唯物史观中的辩证法精髓,使它在当代社会主义实践中更加充满生机活力。因此,在论文的开头,列宁有一段开门见山、言简意赅的理论概括、哲学概括:马克思主义中有决定意义的东西,即马克思主义的革命辩证法。

列宁关于各国社会主义道路的多样性、特殊性和民族特色的思想,是他最后之作的思想主旨,是他最为新颖、最为独特的创造性新思想之一。马克思、恩格斯提供了这一原理的基本思想,但并没有作出明确的科学概括和哲学总结。列宁的《哲学笔记》深入探讨的一般与个别的辩证法,为这一原理奠定了坚实的哲学基础。1916年,他第一次对马克思列宁主义这一基本原理作出明确概括:"在人类从今天的帝国主义走向明天的社会主义革命的道路上,同样会表现出这种多样性。一切民族都将走向社会主义,这是不可避免的,但是一切民族的走法却不会完全一样,在民主的这种或那种形式上,在无产阶级专政的这种或那种形态上,在社会生活各方面的社会主义改造的速度

第六章 《论我国革命》的思想精髓

上,每个民族都会有自己的特点。"①十月革命后,他进而具体分析了造成社会主义道路多样性的主要因素:由于开始建立社会主义时的历史起点和历史条件不同,这种过渡的具体形式必然而且应当是多种多样的;地方差别、自然条件、社会经济结构的特点、传统的生活方式、不同的民族心理文化结构,这些客观的历史条件,都会给各民族走向社会主义、建设社会主义的道路打上特殊的印记;历史活动主体的首创精神,实现某种计划的新鲜尝试,同样会增添社会主义道路的独特性。在最后之作中,列宁基于深厚的实践基础,又反过来把这一基本原理上升到历史哲学高度:"世界历史发展的一般规律,不仅丝毫不排斥个别发展阶段在发展的形式或顺序上表现出特殊性,反而是以此为前提的。"②各民族社会主义道路的统一性与多样性,合乎规律地反映出世界历史发展中一般与个别、统一性与多样性的深刻辩证法。

列宁反对把马克思主义的历史哲学变成苏兹达尔城的蹩脚绘画,一律用灰暗单一的色彩来描绘世界各国的社会主义历史前景;相反,他挖掘出了马克思主义历史哲学中关于各民族发展道路多样化的深刻内容,勾画出了一幅色彩斑斓的世界社会主义历史远景。按照马克思主义创始人的方法,列宁大体上把世界上的各个民族分为三类,每个类型代表历史发展的一个阶梯:西方资本主义发达的文明国家;东方不发达的落后国家;介于二者之间的、

---

① 《列宁全集》第 28 卷,人民出版社 1990 年版,第 163 页。
② 《列宁选集》第 4 卷,人民出版社 1995 年版,第 776 页。

俄国这样的比较落后的半文明国家。各个国家走向社会主义的历史起点不同,必然决定走向社会主义、建设社会主义的道路不是单一的,而是多样的,至少有上述三种不同的基本类型;同时每一类型中的每一民族,社会主义道路又会有别具一格的特色;每个民族的不同历史时期,社会主义道路也会呈现不同的特点。因此,他在最后之作中,顺理成章地得出结论:俄国是个介于文明国家和初次被这场战争最终卷入文明之列的整个东方各国或欧洲以外各国之间的国家,所以俄国能够而且势必会表现出某些特殊性,这些特性当然符合世界发展的总的路线,但却使俄国革命有别于以前西欧各国的革命。[1]

列宁揭示的社会主义多样性与统一性、历史发展中一般与个别的深刻辩证法,提供了对唯物史观思想实质的崭新理解。它有助于打破那种把唯物史观归结为五种生产方式机械演进的单线图式的简单化倾向,有助于打破长期流行的社会主义只有一种模式的僵化理解。世界历史发展和当代社会主义实践,为此提供着丰富的例证:日耳曼人的蛮族部落在征服罗马之后,没有经过完整的奴隶社会而进入封建社会;蒙古人、西斯拉夫人、东斯拉夫人也走着类似的道路;美国没有经历典型的封建社会就走上了资本主义发展道路;而日本、俄国没经历典型的自由竞争的资本主义,就进入了封建军事帝国主义;俄国、南斯拉夫、中国等一大批国家没有经历完整的资本主义发展阶段,就走上了社

---

[1]《列宁选集》第4卷,人民出版社1995年版,第776页。

第六章 《论我国革命》的思想精髓

会主义道路。经济的和政治的、国内的和国际的、客观的和主观的各种因素构成的合力,必然会促使某些民族,尤其是那些一度落后的民族探索出自己的独特道路。历史发展中这种一般与个别、统一性与多样性的深刻辩证法,在当代社会主义实践中表现得尤为突出。

这就是列宁晚年最后构想的精神实质和精华所在,也是列宁晚年最后构想的深刻之处和伟大之处,更是列宁晚年最后构想与斯大林时期形成的苏联模式的根本区别之所在。这一思想在当代社会主义改革实践中显示出越来越强大的活力,成为中国人民和世界各国人民探索新道路的强大思想武器。

二、带有小农国家特点的社会主义

人口统计数字犹如一面镜子,有力地说明苏维埃俄国当时还是一个名副其实的小农国家。从战前 1913 年的统计资料看,在近 1400 万人口中,工人和职员总共只有 200 多万,而农民和小手工业者则近 1000 万,占总人口的 67%。也就是说,工人只占总人口的 1/6,是极少数;而农民等小生产者则占 2/3,是绝大多数。经过第一次世界大战和三年国内战争,这个大致格局没有改变;变动趋势只能是工人阶级人数越来越少,农民则越来越多,因为有不少工人去前线当兵打仗,还有不少工人因工厂停工,回农村当了农民。

因而,尽管苏维埃俄国的社会经济结构具有不平衡性和多层

《论粮食税》《论我国革命》精学导读

次性,但是从总体上看,同发达西欧相比,俄国还是一个落后的小农国家。"小农国家"这个概念在这里具有三重性,既揭示了社会技术结构的特点,又揭示了社会经济结构和社会交往结构的特点。从社会技术结构上看,叫"小农国家",意味着原始的、手工的农业经济为主,面临着现代化、工业化的严峻任务;从社会经济结构角度讲,"小农国家"意味着私有的、前资本主义的小农经济占数量优势,面临着社会化的严重任务;从社会交往结构方面说,"小农国家"意味着自然经济和小商品经济大量存在,面临着商品化、社会化的历史任务。正是基于小农国家的这种特殊国情,列宁提出了俄国社会主义建设道路的特殊性问题。

  探索俄国的特殊性,尤其是从理论与实践的统一中把握这种特殊性,是一个曲折漫长的历史过程。列宁在1918年春天设想中就提出:"我们还没有超出从资本主义向社会主义过渡的最初几个阶段,俄国的特点使这一过渡更加复杂,这些特点在大多数文明国家内是没有的"①,"我们应该研究走向社会主义这一极端困难的新道路的特点"②。从理论上承认这种特殊性,并不等于实践中把握这种特殊性,从前者到后者仍然走过了一段弯路,经过了战时共产主义的实践摸索。后来,列宁更明确地把"农民占多数"这一点,列为决定俄国特殊国情的首要之点,并把这一点列为决定俄国社会主义特殊道路的首要因素:"毫无

---

①《列宁选集》第3卷,人民出版社1995年版,第461页。
②《列宁选集》第3卷,人民出版社1995年版,第483页。

第六章 《论我国革命》的思想精髓

疑问,在一个农民人数相当可观的国家中,社会主义革命和从资本主义到社会主义的过渡,必然要采取特殊的形式。"①最后,在新经济政策时期,列宁形成了一个鲜明特定的概念:"带有小农占人口多数所造成的种种特点的社会主义。"②

落后俄国社会主义特殊道路的基本特点在于,只能走借助于中间阶梯的间接过渡的迂回道路。马克思、恩格斯关于落后国家社会主义道路的间接性的基本思想,在列宁这里得到了新的发展。列宁区分了走向社会主义的两条不同道路:发达资本主义国家的直接过渡的道路;落后国家的间接过渡的道路。他认为,经济文化比较落后的俄国,只能走后一条道路。在经过从战时共产主义到新经济政策的历史转变之后,他对两条道路的选择问题进行了反思:到1921年春天已经很清楚了,我们采用冲击的办法,即用简捷的、迅速的、直接的办法,实行社会主义生产和分配的原则的尝试已经失败了;不是直接进行社会主义建设,而是要在许多经济部门中退向国家资本主义;不是实行强攻,而是作一连串的退却,进行极其艰苦的、不愉快的长期围攻,还需要通过商业这条更加迂回的道路。他上升到理论上,阐明了落后的小农国家走向社会主义建设道路的迂回性、间接性、中介性:"在一个小农生产者占人口大多数的国家里,实行社会主义革命必须通过一系列特殊的过渡办法"③,"必

---

① 《列宁全集》第35卷,人民出版社1985年版,第202—203页。
② 《列宁选集》第4卷,人民出版社1995年版,第501页。
③ 《列宁全集》第41卷,人民出版社1986年版,第50页。

须懂得,需要经过哪些中间的途径、方法、手段和辅助办法,才能使资本主义以前的各种关系过渡到社会主义。关键就在这里"①。

对建设社会主义不同的道路,特别是迂回道路,起决定作用的因素是什么?列宁还进而触及了问题的这一深层本质:"这个时期的形式,在很多方面将取决于占优势的是小私有制还是大私有制,是小农业还是大农业。"②是从发达资本主义向社会主义过渡,还是从带有严重封建残余的落后国家向社会主义过渡?尤其是在农业中,占统治地位的是资本主义大农业,还是前资本主义的小农生产?这是走向社会主义的不同历史起点,是决定走向社会主义不同道路的首要因素。

寻找小农国家向社会主义迂回过渡道路的关键和难点,在于找到从前资本主义的小生产到社会主义的中间阶梯。既然不能靠国家垄断制从前者直接过渡到后者,那么找到这种中介环节也就至关重要了。在一个农民占多数的国度里,社会主义建设道路上的最大难题就是:需要经过什么样的中介环节、补助办法,才能将小农经济、前资本主义的各种社会关系,过渡到社会主义去。一个落后国家无产阶级政党的领导艺术和成熟程度,也就集中体现在这里:必须善于考虑那些便于从宗法制度、从小生产过渡到社会主义的中间环节,"我们的政策又要照顾

---

① 《列宁全集》第41卷,人民出版社1986年版,第216页。
② 《列宁选集》第3卷,人民出版社1995年版,第402页。

第六章 《论我国革命》的思想精髓

到许多较小的过渡。我们担负的任务的全部困难、政策的全部困难和政策的全部艺术，就在于要估计到每一种这样的过渡的特殊任务"①。从十月革命前夕到 1918 年春天设想，列宁在理论上都把国家资本主义作为这种中间环节。到新经济政策初期，列宁以国家调节下的市场为基础，制定了一整套新经济政策原则，作为这种中介环节。到"列宁的最后之作"中，合作制又成了重要桥梁。这就从理论与实践的统一上，具体地解决了落后俄国社会主义道路的渐进特点和中间环节的问题。

走间接迂回的道路，必然会使俄国社会主义建设道路具有长期性，经历一些特殊的发展阶段。今天，人们再谈论过渡时期理论、争论"大过渡""中过渡""小过渡"时，总想为一切国家的社会主义道路，规定一个整齐划一的发展阶段。而从马克思、恩格斯到列宁后期，越来越清楚地认识到：各个国家的社会主义道路，不仅要经历一些共同的发展阶段，而且要经历一些不同的发展阶段；前资本主义成分越多，小生产成分越多，经济文化越落后，要经历的中间环节、特殊发展阶段也就越多。列宁颇为明确地点出了这一点："我们还没有超出从资本主义向社会主义过渡的最初几个阶段，俄国的特点使这一过渡更加复杂，这些特点在大多数文明国家内是没有的。因此，在欧洲，这些过渡阶段将是另外一种样子，

---

① 《列宁全集》第 38 卷，人民出版社 1986 年版，第 113 页。

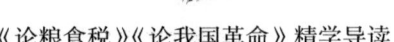

这不仅是可能的，而且必然如此。"①列宁从各种不同角度对俄国社会主义发展阶段问题做了多种探讨，他使用的概念和提法主要有三种：完全的和不完全的社会主义；发达的和不发达的社会主义；初级形式和高级形式的社会主义。这三种提法既有内在联系，又不是严丝合缝、完全吻合的。列宁用得最多也最久的，是第一种提法。他第一次使用"完全的社会主义"这个概念来探讨俄国社会主义发展阶段是在1917年末，他在一个提纲中写道："完全的社会主义共和国高于苏维埃共和国。共产主义社会高于社会主义共和国。"②在列宁最后思考中，还专门探讨了建成完全社会主义所要具备的三项基本条件，再次提到了这个概念。列宁第一次使用"发达社会主义"这个概念，是在1918年春天设想中，以后多次使用了这个概念。在1919年的《关于星期六义务劳动》一文中，他还使用了"初级形式的社会主义"这个概念："我们在剥夺了地主和资本家以后，只获得了建立社会主义那些最初级形式的可能。"③列宁的这些提法还只是一些粗线条的科学设想，还有待实践检验和精确化，还不是对问题的最终结论。但是，列宁的这些概念有巨大的方法论方面的启示意义：社会主义不是一开始就完备无缺的，落后国家的社会主义尤其要经历一个从不完全到完全、从不发达到发达、从初级阶段到高级

---

① 《列宁选集》第3卷，人民出版社1995年版，第461—462页。
② 《列宁全集》第33卷，人民出版社1985年版，第442页。
③ 《列宁选集》第4卷，人民出版社1995年版，第92页。

第六章 《论我国革命》的思想精髓

阶段的长期发展过程；为了同样达到完全的、发达的、高级阶段的社会主义，落后国家要经历更多的特殊发展阶段，必须更加注意分阶段、有步骤地建设社会主义。

"开始容易完成难""夺权容易建设难""国有化容易社会化难"——这是列宁所揭示的落后俄国社会主义建设道路在总体上的又一特点。俄国无产阶级首先夺取了政权，再加上战时共产主义时期曾直接依靠国家组织生产和消费，这一切使不少人产生了海市蜃楼般的政治幻觉：似乎马克思主义创始人关于落后国家社会主义道路艰巨性的论断已经完全被推翻，俄国越落后，搞社会主义越先进、越迅速、越容易。其实，这不过证明：落后的经济关系和文化背景，往往使人们只能理解马克思主义的某些方面，会产生把社会主义的本质仅仅归结为暴力夺权、实行国有化的肤浅理解，实质上这不过是社会主义深刻变革中的最初步骤而已。列宁区分了社会主义历史进程中的两个方面、两个环节：开始社会主义道路和完成社会主义建设；夺取政权和经济建设；实行国有化和实现社会化。他参照西方发达国家，把上述两方面的任务做了比较，认为对比较落后的俄国来说，后者比前者更困难也更重要。落后国家社会主义道路的艰巨性，不是体现为前者，而是体现为后者。他在对比俄国与西欧时，指出了这种历史对照：一个落后的国家开始革命比较容易，因为在这个国家里敌人已经腐朽，资产阶级没有组织起来，但是要把革命继续下去，就需要万分谨慎、富有耐心和坚韧不拔；西欧的情况将会不同，那里开始革命要困难得多，

《论粮食税》《论我国革命》精学导读

要继续下去却容易得多。①社会主义的真正重心,不在于用暴力夺取政权、巩固政权,而在于建立新型的社会关系、新型的文明,前者没有多高发展程度的经济文化水平也能办到,后者则根本难以实现。因而,落后国家夺取政权、巩固政权相对来说比较容易,而"国家愈落后,它由旧的资本主义关系过渡到社会主义关系就愈困难"②。今天,把国有化与社会化混为一谈是屡见不鲜的,列宁却要求严格区分国有化与社会化,并认为这种区分对落后国家来说尤为重要,"关键却在于:要从国有化和没收过渡到社会化,即使有世界上最大的'坚决性'也是不够的"③。对于落后俄国来说,用赤卫队进攻资本,没收资本,实行国有化,是比较容易奏效的;而要真正实现劳动过程的社会化,使人民群众真正实行管理,当家作主,却是一个相当长期、无比艰巨的任务。这一区分在列宁那里只是倏忽即逝的思想闪光,但对今天社会主义各国的改革实践中却有重大意义。列宁根据新的实践,部分地修改了马克思、恩格斯的提法,更准确地揭示出落后国家社会主义道路的特殊规律和真正难关所在。

马克思主义创始人只是从理论上预言了小农国家社会主义道路的间接性、渐进性、长期性和艰巨性④;列宁则根据实践经

---

① 《列宁全集》第34卷,人民出版社1985年版,第233页。
② 《列宁选集》第3卷,人民出版社1995年版,第436页。
③ 《列宁选集》第3卷,人民出版社1995年版,第519页。
④ 王东、张翼星、孙承叔:《社会主义建设中的哲学问题探索——改革之路的哲学沉思》,北京大学出版社1986年版,第17—24页。

第六章 《论我国革命》的思想精髓

验,独立探讨了这条道路在经济、政治、文化各方面的具体特征。"小农国家社会主义建设的特殊道路"——这正是列宁最后构想的思想中枢,也是列宁思想在现时代的闪光之处。

三、东方社会主义的新道路

"列宁的最后之作"仿佛是内容丰富的多重奏,它的主旋律虽然是探讨苏维埃俄国的社会主义之路,但是同时包含着对东方国家必将走出社会主义新道路的超前认识与哲学预见。他以深刻的哲理和满腔的热情,做出了一个富于想象力的大胆预言:"我们的欧洲庸人们做梦也没有想到,在东方那些人口无比众多、社会情况无比复杂的国家里,今后的革命无疑会比俄国革命带有更多的特殊性。"①

向列宁采访过电气化计划的英国作家威尔斯,写过一本书叫《俄罗斯之谜》,把列宁称为"克里姆林宫的大胆幻想家",认为他宛如透过一面魔镜,想入非非地想象未来的动人远景。诚然,列宁高度评价过俄国思想家皮萨列夫论述"有益的幻想"的积极意义,断言"幻想也在最精确的科学中起作用"②。不过他对东方国家社会主义新道路的预言,并不是信口说出的大胆假设,而是基于多年研究的科学信念。

---

① 《列宁选集》第 4 卷,人民出版社 1995 年版,第 778 页。
② 〔苏〕列宁:《哲学笔记》,中共中央马克思恩格斯列宁斯大林著作编译局编译,中共中央党校出版社 1990 年版,第 414 页。

《论粮食税》《论我国革命》精学导读

列宁多年来探索俄国社会主义道路时,曾对照两方面的参照系做过比较研究:一方面是同西欧发达资本主义国家比较,另一方面则是同东方落后国家比较。前一方面的比较研究,几乎是从19世纪90年代青年列宁一登上马克思主义论坛就开始了。他要求时时对照俄国与西欧资本主义发展中的共性及个性,既反对民粹派那种忽视共性的"俄国独特论",又反对普列汉诺夫等忽视俄国的特殊性。在《俄国资本主义发展》的序言中,列宁强调了这种历史比较方法,"值得指出的是:尽管俄国在经济方面或在非经济方面都有它很大的特点,但这一总过程的基本特征在西欧和俄国竟相同到如此程度"①。后一方面的比较研究,大致是从1912年开始的,在孙中山领导中国辛亥革命之后,列宁开始把理论视线更多地转向东方,陆续写了《中国的民主主义和民粹主义》《新生的中国》《亚洲的觉醒》《落后的欧洲和先进的亚洲》等论文。他在看到俄国与东方国家的巨大差异的同时,特别强调了二者之间的同一。他认为,俄国与东方,尤其是中国,面临着共同的问题,出现了同样的思潮,孙中山这位"中国民主派的人,在完全不管俄国、不管俄国经验和俄国文献的情况下,提出了一些纯粹俄国的问题","他同俄国民粹主义者十分相似,以至基本思想和许多说法都完全相同"②。面向东方,使列宁发现了世界革命风暴的新源泉,社会主义在全世界走向胜利

---

① 《列宁全集》第3卷,人民出版社1984年版,第7页。
② 《列宁选集》第2卷,人民出版社1995年版,第290页。

第六章 《论我国革命》的思想精髓

的新希望,也为他的理论视野拓展了一片新的理论星空。列宁最后著作中,尤其是在谈论社会主义道路的多样性与特殊性时,贯穿了这两个方面的历史比较研究。前一方面是主要的参照系,后一方面是辅助的参照系。因此,在这种历史比较中,对东方国家的社会主义道路问题,也有简要的启示和预测。

列宁要求具体分析东方"亚细亚国家"不同于发达西欧资本主义国家,甚至也不同于俄国的新特点。列宁同马克思"亚细亚生产方式"概念之间的关系,是苏联学术界几十年间争论不休的问题。瓦尔加、斯特鲁威等认为,列宁承认有亚细亚生产方式,把它作为马克思世界历史概念的组成部分。尼基福罗夫等则认为,列宁从来没有在肯定意义上使用过"亚细亚生产方式"这一概念。笔者认为,列宁思想的特点在于,他比较多地使用"亚细亚国家"这个概念,肯定了东方亚细亚国家具有自身的固有特征,但他接触到、而没有完全解决是否具有完全独立的"亚细亚生产方式"问题。在《〈马克思恩格斯通信集〉提要》中,列宁注意到马克思主义创始人探讨东方亚细亚生产方式奥秘的思想轨迹:"了解东方制度的'钥匙'——不存在土地私有制。(马克思)全部土地=国王的财产。"[1] "亚洲农村闭关自守,自满自足(自然经济)——亚细亚制度的基础+中央政府的公共工程。"[2] 他还曾试图独立探讨亚细亚国家中的典型——

---

[1] 〔苏〕列宁:《〈马克思和恩格斯通信集〉提要》,中共中央马克思恩格斯列宁斯大林著作编译局编译,人民出版社1982年版,第287、291页。

[2] 《列宁选集》第2卷,人民出版社1995年版,第426页。

《论粮食税》《论我国革命》精学导读

中国社会的固有特点:"中国这个落后的、农业的、半封建国家的客观条件,在将近5亿人民的生活日程上,只提出了这种压迫和这种剥削的一定的历史独特形式——封建制度。农业生活方式和自然经济占统治地位是封建制度的基础;以这种或那种方式把中国农民束缚在土地上,这是他们受封建剥削的根源;这种剥削的政治代表就是封建主,以皇帝为整个制度首脑的封建主整体和单个的封建主。"①十月革命后,他要求东方各族人民独立地解决自己的特殊问题:"制定一条东方工作的路线是非常重要的……每个民族的具体问题,与其发展程度、特点等相适应……使苏维埃机关和共产党(党的成分、党的特殊任务)都适合于殖民地东方农民国家的水平。"②

列宁为探寻东方亚细亚国家的特点,指出了正确的方向。东方亚细亚国家的特殊性究竟是什么,完全解决这个问题,需要大量的科学实践,有待东方人自己去探寻。列宁并没有奢望越俎代庖地解决这个问题,不过他毕竟为解决这个难题指出了一条依稀可辨的科学思路。十月革命后,他倾向于抓住东方亚细亚国家的两个本质之点:①"主要群众是农民",大部分人口是受中世纪剥削的农民,因而他也称之为"东方农民国家";②主要"斗争任务不是反对资本而是反对中世纪残余",相对于近代工业化资本主义文明国家来说,他也称之为"野蛮的亚

---

① 《列宁选集》第2卷,人民出版社1995年版,第293页。
② 《列宁全集》第51卷,人民出版社1988年版,第207页。

第六章 《论我国革命》的思想精髓

洲国家"①。在列宁最后著作中,他没有具体阐述东方亚细亚国家的特点,只是点出了两个最明显的特征:人口无比众多,社会情况无比复杂。

基于这种特殊国情,东方国家将走出一条比俄国更富于特色的社会主义新道路——这是"列宁的最后之作"提出的一个富于远见的政治预言。俄国革命显得有别于以前西欧各国的革命,而且在转向东方国家时这些特点又会带有某些局部的新东西,因而东方国家的社会主义道路无疑会比俄国具有更多的特色。按照列宁提出的思路,至少可以依据世界上的三类国家,分出走向社会主义道路的三种类型:第一种类型是西欧发达资本主义国家的社会主义道路,根据 19 世纪科学社会主义理论诞生的世界历史文化背景,这是一种典型的社会主义道路;第二种类型是像俄国这样的半文明国家的社会主义道路,这是 20 世纪初期出现的、一条不同于西欧国家的社会主义新型道路;第三种类型是东方落后的亚细亚国家的社会主义道路,这是今后必将出现的一条既不同于西欧、又不同于俄国的社会主义崭新道路。第三种类型的社会主义新路在当时还远没有成为现实,而列宁却以极其丰富的想象力,预先洞见了东方即将出现的社会主义新曙光,宣告它们将开辟一条社会主义新道路。

东方国家不能照搬马克思主义的本本和俄国的现成经验,而要创造性地开拓新道路。这是列宁从辩证法的活的灵魂出发,

---

① 《列宁选集》第 4 卷,人民出版社 1995 年版,第 79 页。

《论粮食税》《论我国革命》精学导读

对东方民族给出的政治忠告:"你们面临着一个全世界共产党人所没有遇到过的一个任务,就是你们必须以一般共产主义的一般理论和实践为依据,适应欧洲各国所没有的特殊条件,善于把这种理论和实践运用于主要群众是农民、需要解决的斗争任务不是反对资本而是反对中世纪残余这样的条件。这是一个困难而特殊的任务,但又是一个能收到卓著成效的任务。"①他强调苏维埃俄国的经验,特别是通过新经济政策走迂回道路的经验,对东方落后国家有重大借鉴意义,但是这绝不能代替自己的实践创造,自己对于本国特点的揣测、琢磨。他批评共产国际的某些决议,"几乎全是俄国味","完全是根据俄国条件写出来的","就是我们自己给自己切断了今后走向成功的道路"②。完全照搬俄国的道路,只能是失败之路;只有在实践中开拓新道路,才是成功之路——这是列宁对东方人民的政治忠告与哲学忠告。

东方亚洲人民将继俄国之后登上世界历史舞台,成为社会主义走向胜利的决定性保证。这是列宁最后著作中,两次作出的历史性预言。列宁在《给代表大会的信》的尾声,把布尔什维克面临的迫切问题,放到广阔的世界历史背景上加以考察,粗线条地勾画了世界历史的未来远景,位于这幅世界图景中心的,恰恰是继俄国人民之后而在不久的将来登上历史舞台的亚洲几亿人民。他认为当时,正是东方人民登上世界历史舞台的

---

① 《列宁选集》第 4 卷,人民出版社 1995 年版,第 79 页。
② 《列宁全集》第 43 卷,人民出版社 1987 年版,第 286 页。

第六章 《论我国革命》的思想精髓

前夜。在五篇论文的最后,列宁再度回到了世界历史的总格局和社会主义的总战略问题上,他把社会主义最终胜利的"宝",押在东方人民的崛起上。他对东方人民的社会主义前景寄予了无限希望:"斗争的结局归根到底取决于如下这一点:俄国、印度、中国等等构成世界人口的绝大多数。正是这个人口的大多数,最近几年来非常迅速地卷入了争取自身解放的斗争,所以在这个意义上说,世界斗争的最终解决将会如何,是不可能有丝毫怀疑的。在这个意义上说,社会主义的最终胜利是完全和绝对有保证的。"① 可以说,列宁远景设想的许多细节可能并不那么准确,有许多落空了的地方;但是,他对20世纪世界历史发展总趋势的预见是相当准确的,他关于中国等亚洲国家社会主义前景的预言得到了历史的确证。

从苏维埃俄国的社会主义道路到东方国家的社会主义道路,有一个联结二者的共同纽带,就是它们基本上同属于农民国家的社会主义道路。按照上述三种类型国家的划分方法,除了西欧典型发达的资本主义国家之外,属于第二类国家的半文明国家俄国和属于第三类国家的东方落后国家之间,有一个本质上的共同点,就是农民占人口的大多数。正是这个本质之点,把苏维埃俄国同东方国家的社会主义道路联系到一起,使新经济政策道路和列宁晚年最后构想,对于东方国家具有更为直接的普遍意义。新经济政策的道路,实质上是农民国家建设社会

---

① 《列宁选集》第4卷,人民出版社1995年版,第796页。

主义的道路,这是列宁反复指明的重要问题:"我们现在正用'新经济政策'来纠正我们的许多错误,我们正在学习怎样在一个小农国家里进一步建设社会主义大厦而不犯这些错误。"[1]正因为列宁后期在思索20世纪社会主义远景时,他主要是面向东方的,因而他高度评价了探索一条农民国家社会主义道路在全世界的普遍意义。他在一个报告中,拟定了如下要点"我们的任务=世界性的任务:大工业(人口中的少数)和亿万落后的小农。我们一定会解决这项任务:社会主义在全世界的最终胜利"[2]。

　　正是在这一意义上,列宁最后关于社会主义建设道路的总体构想,以及关于文化、经济、政治建设的主要设想,至今对我们中国仍然有重要的指导意义,值得我们进行深入探究。甚至可以说,其中包含着列宁对中国道路、中国特色社会主义的世界历史预言和哲学预见。

---

[1]《列宁全集》第42卷,人民出版社1987年版,第175页。
[2]《列宁全集》第42卷,人民出版社1987年版,第520—521页。

第七章　三位一体的列宁构想

——经济、政治、文化系统改革论

一、文化创新难题的列宁最后思索
　　——文化革命的列宁计划

在列宁的最后五篇论文中，第一篇《日记摘录》是专门谈论文化问题的。在最终拟定社会主义建设道路的总体构想的主体部分时，他大体上是按照"文化建设—经济建设—政治建设"这样一个内在逻辑顺序展开的。因此，为了历史地再现列宁的最后创造活动，展现列宁构想的丰富理论内涵，我们首先考察他在文化建设上的一些重要设想。

为了强调苏维埃俄国在文化上必须上升到一个崭新的历史阶段和历史形态，列宁提出了"文化革命"这个独特概念，赋予它以特有的含义。他把新型文明的建设，也称为文化革命。因此，列宁的这些设想汇合到一起，可以称为具有特定含义的"列宁的文化创新新构想"。

列宁是以人类文明发展的大道为广阔历史背景，来看待社会主义文化建设问题的。他的文化革命计划的内容是相当丰富的，其中蕴含着以下六个基本点。

第一个基本点是把工作重心转向"文化主义"——列宁工作重心转移的两步到位论。

在列宁最后著作中，他提出了一个至今还没有得到充分重视的新思想：不仅需要把社会主义的工作重心从政治斗争转向经济建设，而且需要把重心进一步转向"文化主义"。列宁对社会主义理解的这种根本转变，活生生地映现在他的最后构想之中。

"文化主义"，在这里用的是一个十分独特的俄文词：культурничество。这个词原本是十月革命前俄国旧城知识分子用的词，旨在强调用文化教育取代实际斗争，改变俄国，改变世界，改变命运，有点近似于旧中国知识分子所讲的"文化救国论""文化万能论"。列宁在十月革命前，是决不赞成这个说法的；而在最后论著中，却转而借用这个词语，意在强调俄国革命、夺取政权之后，文化教育工作在新形势下的极端重要性。

长期以来，包括多年流传的中文版第1版《列宁全集》《列宁选集》，甚至都没有把这个词原样翻译出来，因而至今许多人也不知道列宁晚年有这个新提法。直至1987年出版的中文版第2版《列宁全集》第43卷，1995年出版的中文版第3版《列宁选集》第4卷，才第一次原样翻出列宁这个词，但仍未作出充分解释，因而至今未能引起应有的充分重视。

首先，把重心转向文化主义，首先取决于苏维埃俄国特殊国情下的特殊矛盾，同时超前反映了科技革命时代的普遍趋势。

第七章 三位一体的列宁构想

在列宁的最后思考中,他是把文化建设问题摆在首要地位的。五篇论文的第一篇,首先谈的是文化问题。列宁在拟订自己最后的写作计划时,在2月7日初拟的题目表中,四个题目中文化问题占了两个。这种摆法也许多少有些出人意料,但在列宁思想中却是完全合乎逻辑的。

列宁把文化落后列为苏维埃俄国特殊国情的基本要素之一,俄国社会主义建设中具有全局意义的独特矛盾之一。列宁分析俄国国情时,原先最为注意的是两大特征:一是生产力在总体上相当落后而发展又极不平衡,存在着多层阶梯式的经济结构;二是小农占人口的大多数,工人阶级只占少数。在最后思索中,他忍受着巨大病痛,专门翻阅了刚出版的统计资料《俄国识字状况》,对俄国国情分析做了重大补充。这个统计资料把俄国分成三大区域——欧俄、北高加索、西伯利亚,统计了每千个居民中识字的人数。即使是最发达的欧俄地区,每一千个居民中识字者也只有422人,其余多数都是文盲;而1920年全俄每一千人口中识字者只占218人,将近80%的人都是文盲;最落后的西伯利亚地区,每一千个妇女中识字者只有134人,只占1/8。这里谈的只是最初步的读写能力,还谈不上什么文化水平。这个统计资料像一面透镜,说明文化落后是俄国国情中影响深远的症结所在:"问题就在于我们直到今天还没有摆脱半亚洲式的不文明状态。"①俄国历史发展的独特顺序、独特道路,带来了俄国社会主义发展中的独特

---

① 《列宁选集》第4卷,人民出版社1995年版,第763页。

《论粮食税》《论我国革命》精学导读

矛盾,即比较先进的政治制度与落后的经济文化之间的矛盾:"'当前的关键'(链条的环节)=提出的任务之大不仅与物质贫困,而且与文化贫困之间的脱节。"①俄共十一大是列宁生前亲自参加的最后一次党代表大会,在起草文件时,他极为清晰地揭示着这一矛盾:"建立社会主义社会基础的经济和政治手段足够了。缺少什么?缺少文化,缺少本领。"②

在最后之作中,列宁在关于"工作重心转移"问题上,有了一个引人深思的新提法:"我们不得不承认我们对社会主义的整个看法根本改变了。这种根本的改变表现在:从前我们是把重心放在而且也应该放在政治斗争、革命、夺取政权等等方面,而现在重心改变了,转到和平的'文化'组织工作上去了……只就国内经济关系来说,那么我们现在的工作重心的确在于文化主义。"③

值得注意的是,关于工作重心转移问题,列宁在十月革命后有两个不同提法,前后经历了一个发展过程:1918年春天开始的提法是,由于从"说服俄国"和"夺取俄国"转向"管理俄国",因而需要把经济建设提到首位,"根本任务就是提高劳动生产率";1923年的最后提法是,"应当把重心转移到文化主义"。这个微妙的文化,特别是"文化主义"这个最后新提法蕴含的深刻含义,似乎至今还很少引起人们的应有重视。

生活于20世纪科学技术革命酝酿阶段的列宁,以极大的预

---

① 《列宁全集》第43卷,人民出版社1987年版,第404页。
② 《列宁全集》第43卷,人民出版社1987年版,第399页。
③ 《列宁选集》第4卷,人民出版社1995年版,第773页。

第七章 三位一体的列宁构想

见性超前揭示了这股浪潮发展的趋势。列宁关于重心转移的第二个口号,并没有简单否定第一个口号,并没有否定抓好经济建设、发展生产力是俄国社会主义建设的根本任务,而是继续和深化了第一个口号,预示了在新时代里发展生产力的最根本途径,现代化经济起飞的必由之路。发展社会生产力,从根本上说有两条基本途径:一条是发展客体生产力、物质生产力,强化社会生产力的物质基础;另一条是发掘主体生产力、精神生产力,强化主体生产力的文化功能。纵观整个人类历史发展,好像经历着一串螺旋上升的圆圈:在原始时代,人自身的再生产,最简单的个人的主体生产力,可能曾是推动社会生产力的决定因素;在文明时代,物质生产力的发展好像火车头一样,一度在社会生产力系统运动中起着决定作用;在科技革命的新时代,在科学转化为直接生产力这一新的基础上,开发主体生产力重新成为推动社会生产力发展的首要途径。这种历史演化的深刻根据在于:在科技革命时代,物质生产虽然仍是社会生活的经济基础,但是科学、一般知识日益转化为直接生产力,成为现代社会生产力系统中最为活跃、最有决定意义的新要素,给物质生产注入了巨大活力,"个人的充分发展又作为最大的生产力反作用于劳动生产力"[①]。

其次,把重心转向文化建设是政治建设、经济建设的迫切需要,反映了社会主义建设的全面性、整体性的必然趋势。

[①]《马克思恩格斯全集》第46卷,人民出版社1980年版,第225页。

文化建设—经济建设—政治建设，在列宁最后构想中是作为整个社会主义深刻变革的不同方面、不同环节，其间存在着相互依存、相互渗透、相互贯通的辩证关系。

文化革命与政治变革是相互影响、戚戚相关的。一方面，实行政治变革，夺取政权，巩固政权，为开展文化革命，建设新型文明，奠定了最为重要的政治基础，正是十月革命的伟大事变为大规模文化革命开辟了广阔空间。另一方面，文化革命又是消化政治变革伟大成果的重要保证，是社会主义新型民主赖以生长的文化土壤。在社会主义政治变革实现之后，解决文化问题已经成为反对官僚主义、发展新型民主的当务之急和长远根基。正如列宁所指出的：我们深深知道，俄国文化不发达是什么意思，它对苏维埃政权有什么影响；苏维埃政权在原则上实行了高得无比的无产阶级民主，可是这种文化上的落后性却限制了苏维埃政权的作用并使官僚制度复活；按照法律规定，说起来苏维埃机构是全体劳动者都可以参加的，做起来却远不是人人都能参加的；不是法律阻碍了这一点，而是文化的落后；对于文盲来说，只能有流言蜚语、传闻偏见，而没有现代政治。①列宁后期更加深切地感到官僚主义威胁的严重性，因此也就更加痛切地感到文化问题的迫切性。

文化革命与经济建设是相辅相成、紧密相连的。一方面，正是社会主义的经济变革改变着人与人的社会关系和人与自然的能

---

① 《列宁全集》第36卷，人民出版社1985年版，第150页。

第七章 三位一体的列宁构想

动关系,并通过物质文明的建设,为文化建设的大厦奠定了坚实的物质基础。另一方面,文化建设又是现代化经济建设必不可少的思想文化保证,是确保社会主义建设方向的精神支柱与强大内驱力。为此,列宁多次强调,提高劳动生产率的基本条件之一,就是发展群众的文化教育事业,特别对无产阶级来说,是一个正在兴起的新型阶级,它必须从共产主义理想得到最强大的动力。列宁后期特别强调,为了通过合作制这个入口走向社会主义,就要从亚洲式的野蛮经商上升到欧洲式的文明经商,"就需要一场变革,需要有全体人民群众在文化上提高的一整个阶段"①。

正是政治建设、经济建设发展的需要,强烈地呼唤着文化建设的加速发展。在社会主义机体发育到一定阶段后,文化建设会成为关键环节。可以说,列宁是从1921年党的十一大上开始提出这一问题的,他历史地思索着社会主义链条上主要环节的演变过程:1917年——退出战争,夺取政权;1918年——同立宪会议相对抗;1919年和1920年——抗击入侵,巩固政权;1921年——探索新经济政策,从经济上接近农民;1922年——新经济政策在经济上和政治上都充分保证有可能建立社会主义经济的基础,问题只在于无产阶级及其先锋队的文化力量。列宁晚年更加充分地发挥了这一思想:没有社会主义文化建设作为强大精神动力,政治建设、经济建设将寸步难行;有了社会主义文化建设作为先行导引,政治建设、经济建设的许多难题

---

① 《列宁选集》第4卷,人民出版社1995年版,第770页。

就可迎刃而解。"万事俱备，只欠东风；东方尽吹，万紫千红。"给社会主义建设带来春天的东风，就是新型文明的建设。

列宁关于文化建设与政治建设、经济建设血肉相连的思想，以及关于社会主义建设的全面性、整体性的思想，在当代社会主义实践与改革中具有重要的意义。社会主义社会是一个发达的有机整体，社会主义建设是一个规模宏大、鳞次栉比的系统工程。社会主义建设具有全面性、综合性、整体性，而且这种有机联系是与社会主义历史发展成正比的。文化建设是社会主义发达机体的神经中枢系统，是社会主义建设的有机整体的重要组成部分。只有文化建设与经济建设、政治建设形成一个完整系统，有机结合、相互推动、协调发展，才能有生机勃勃的社会主义机体。社会主义的文化建设、精神文明建设，是贯穿整个社会主义建设的生命线。精神文明并不是物质文明和经济过程的消极反映，而是人的精神生产力的结晶，是主体创造力发展的重要尺度和重要保证，因此具有相对独立性和较大能动性，可以反过来成为推动经济建设、政治建设的强大内在动力。历史的和现实的经验告诉我们：脱离了经济建设，政治建设的所谓"文化革命"，只是引人走入迷途的海市蜃楼；忽视了新型文明建设，经济建设、政治建设就会丧失动力，迷失方向。

最后，把重心转向文化建设，实现文化革命，也是从初级的不完全的社会主义逐步过渡到高级的完全的社会主义的必备历史前提。

由于缺乏必要的实践经验，列宁并没有对社会主义发展阶段

第七章 三位一体的列宁构想

做出科学划分。但是，他预见到社会主义社会，尤其是经济文化比较落后国家的社会主义建设，要经历一系列中间环节和发展阶段。他试图区分"发达的完全的社会主义"与"初级的不完全的社会主义"。在他看来，二者的重大区别在于：是否有了现代化的发达生产力；是否建立起"纯社会主义的经济形式和分配方式"；是否有了高度发展的新型民主；是否实现了文化革命。

实现文化革命，是落后的小农国家建成完全社会主义的必要条件和基本标志之一。这是"列宁的最后之作"中形成的一个新颖独特的理论创造，是列宁关于文化学说的思想升华。他的精神思想凝结为一个朴实无华的简单公式："现在，只要实现了这个文化革命，我们的国家就能成为完全社会主义的国家了。"①换句话说，没有实现文化革命，没有高度文明，社会主义就是不完全的，或者说没有上升到完全的发达的社会主义阶段。没有彻底摆脱贫穷、愚昧、落后的社会主义，只能是不合格的社会主义。

列宁严格区分了社会主义发展不同阶段上两种不同的文化前提，揭示出文化革命对于建成完全社会主义的特殊意义。首先，走向社会主义历史起点的文化前提，即无产阶级夺取政权，开始社会主义革命，从总体上看，一个国家开始走上社会主义道路的文化前提——这只要求近代文明、近代工业生产力、近代工人阶级有一定程度的发展。其次，建成完全社会主义社会的文化前提——这必须包括完全实现了文化革命，具有高度发达的

---

① 《列宁选集》第 4 卷，人民出版社 1995 年版，第 774 页。

现代化物质文明，建立起新型的精神文明。前者的标准不能抬得过高，否则就会像苏汉诺夫、考茨基、普列汉诺夫那样犯右的错误，在可以打开社会主义大门的历史时机面前，徘徊不前，坐失良机。而后者的标准却不能压得过低，不能含糊，绝不能在愚昧丛生、缺少文明的状况下，侈谈完成社会主义改造、建成完全社会主义，否则就会重犯"战时共产主义"那种"左"的错误。国际无产阶级的著名女活动家蔡特金曾对列宁说，不要这样厉害地埋怨文盲现象吧，在某种程度上它确实帮助了你们的革命。列宁则历史地辩证地分析了落后在社会主义不同发展阶段上的不同影响问题：文盲现象同夺取政权的斗争是可以相容的，同建设的任务却是水火不相容的。[①]

列宁提出的"文化革命"概念预示了当代社会主义的发展趋势：它必然发展成为高于以往文明、以往文化的新型文明、新型文化。列宁的这个新概念具有双重含义：①社会主义不仅作为一种学说、一种运动、一种社会制度，而且必将作为一种新的文化形态出现；②社会主义的实质不仅意味着一种新型社会关系，而且意味着一种高于资本主义发达文明和一切历史文化的新型文明，赋予人以崭新的精神世界。社会主义绝不能仅仅停留在理论口号上、政治运动上、社会经济制度上，它要深入人的心灵深处，融化到文化中，熔铸成新型文明。

---

① 〔德〕蔡特金：《列宁印象记》，马清槐译，生活·读书·新知三联书店1979年版，第13页。

第七章 三位一体的列宁构想

列宁晚年提出的"文化革命"构想,除了包括把工作重心转向"文化主义"——工作重心转移的两步到位论这一基本点,还包括以下五个基本点:①从扫除文盲到创造新型文明——文化革命的双重任务;②汲取全人类的文化成果——文化创新的必要前提与必由之路;③正确开展两条战线上的思想斗争——警惕右更要防止"左";④提高教师和知识分子地位——文化创新的基础工程;⑤造就全面发展的一代新人——文化创新的最终归宿。

以上六个方面的总和,构成了列宁"文化革命"概念的独特理论内涵、列宁文化革命计划的要点,以及列宁关于文化建设战略构想的骨骼。

列宁的文化革命计划,实际上是一幅长期地、全面地进行文化建设的总体蓝图。它首先从阐明小农国家文化建设的特殊意义、特殊任务出发,前两个要点集中体现了这个出发点;其次,进一步指出实现文化革命、建设新型文明的正确途径和思想保证,中间两个要点指引着这条道路;最后,指出了文化革命的目标和归宿,即造就新型的知识分子队伍和一代全面发展的新人,这正是最后两个要点的思想内容。

列宁的文化革命计划,触及了社会主义改造和社会主义建设的最深刻变革、最深层结构。社会主义的本质是什么?这并不是一个先验公式所能包揽无余的,社会主义自身发展的历史愈益深刻地揭示出自身的深刻内蕴。19世纪中期社会主义首先作为无产阶级改造世界的新学说而问世,接着它表现为无产阶级的社会运动,并在20世纪初的十月革命中凝结为一种新型的社会制度。但是,植根于落后文化背景的官僚主义扭曲了新型社会制度,正是文化落后使新型经济、新型民主难于扎根生长。只有彻底的文化变革,才能真正消化政治变革、经济变革的伟大成果。因此,从更深层次和更深刻的本质上看,社会主义应当是一种新型社会关系,是一种高于以往文化的新型文明。只有实现了这种社会深层结构的变革,实现了人们心理文化结构的变革,社会主义才能深入人们的日常意识和日常生活中,才能深入人们的内心世界和心灵深处。

列宁的文化建设构想,是对唯物史观的独特贡献。在19世纪唯物史观初创时期,理论视线的重心首先集中在社会存在的真正本体,人的劳动实践活动的物质内容与社会形式,以劳动二重性为基本线索、以社会基本矛盾为轴心,初步形成了唯物史观的理论框架。而人的灵魂、心灵精神现象、心理活动、文化价值世界,还有许多奥秘没有揭开。唯物史观进一步发展的内在逻辑,要求转向更为具体、更为复杂、更为丰富的精神文化领域,而列宁的文化探索为之开辟了道路。

列宁的文化革命计划,为他关于经济建设、政治改革的设想,提供了更为广阔的文化背景,以及更为深沉的文化含义。

二、新经济政策道路的列宁最后构想
——合作社会主义的列宁模式

五篇论文的第二篇《论合作社》,阐述的是从文化革命问题

第七章 三位一体的列宁构想

转向经济建设的道路问题。在列宁最后著作中，集中谈论经济问题的主要是这一篇，其他论文和书信只是穿插着这方面的内容。因此，从形式上看，在列宁最后思考中，经济、文化、政治建设问题并不是完全均衡的三足鼎立，似乎文化革命、政治改革问题比较突出，而经济建设问题略显薄弱。但是，这并不是说列宁认为经济建设问题不那么重要，而是由于文化革命和政治改革问题是列宁最后著作第一次突出强调的新问题，而经济改革和建设道路问题已经在走上新经济政策道路之后两三年间基本上逐步解决了。

在理论探讨中，列宁往往是面向未来的，因而在谈论经济建设构想时，列宁只是点出了新经济政策道路的基本点，而把重心放在对合作制问题所做的重要补充上。也可以说，列宁晚年是转向以合作制为中心，重新阐明自己新经济政策时期以来所探索的建设社会主义新路，提供了不同于以国家垄断制为实质的"国家社会主义"的，以市场经济为基础、多元主体的"合作社会主义"的独特模式。

为了深入研究列宁关于社会主义建设道路的总体设想，我们在这里依据列宁实行新经济政策以来形成的基本思路，对他最后之作中关于经济建设的简要构想做了某些阐发，从中提炼出他最后拟定经济建设道路构想的七条基本原则。

在多层次经济结构中，以什么样的社会形式来建立整个经济结构的内在联系，控制整个经济运行机制，推动社会主义经济发展呢？战时共产主义时期，与直接过渡计划相适应，列宁

《论粮食税》《论我国革命》精学导读

曾把国家超经济的行政强制作为解决这一难题的途径,试图通过国家对生产和消费的集中垄断来解决问题。实践证明,此路行不通。从新经济政策时期到"列宁的最后之作",他选择和开创了一条新路,就是把有计划地利用商品货币关系作为建立这种经济联系的社会形式,通过现代新型调节下的市场经济,走向社会主义、建设社会主义。

列宁提出了在过渡时期利用商品市场、货币关系的问题,这一点已经得到了公认。现在的问题是,列宁是否提出了在社会主义建设中仍需利用商品市场、货币关系,这一思想是否构成了列宁最后提出的社会主义建设道路总体构想的基本原则之一。肯定者有之,否定者亦有之。笔者认为,对这一问题作出简单的肯定或否定,实际上都是不科学的。事实上,列宁并没有直接明确地回答上述问题,但他后期确实提出了有计划地利用商品市场、市场经济来建设社会主义的基本思想。尽管这种基本思想还只是尚未充分发挥的思想萌芽、未经实践检验的科学假说,但对后人毕竟有方法论上的重要启示意义。在这一理论探索中,列宁后期探寻出了三个有重大意义的步骤。

在实行新经济政策过程中提出了"按商业原则办国营企业"的口号,向着解决社会主义建设中利用商品货币关系问题迈出了第一步。

在新经济政策深化发展过程中,列宁要求不仅把商业原则贯穿于工农业之间的边缘地带,而且贯穿于社会主义企业内部。正如他所指出的:"国营企业改行所谓经济核算,同新经济政策有

第七章 三位一体的列宁构想

着必然的和密切的联系……在容许和发展贸易自由的情况下,这实际上等于让国营企业在相当程度上改行商业的即资本主义的原则。"①也就是说,按商业原则办事、利用商品货币关系,不单适用于社会主义经济成分与小农之间的经济联系,也适用于社会主义经济成分内部的经济联系。毫无疑问,这意味着向肯定社会主义市场经济原则迈出了有决定意义的一步。但是,这里仍留下了尚未解决的重大问题:按商业原则办社会主义国营企业的历史前提,暂且只是实行新经济政策、允许自由贸易的时期,关于社会主义建设时期究竟该怎样,还没有涉及。换言之,还没有解决这样一个问题:社会主义国营企业和经济成分内部利用商品货币关系,究竟是权宜之计还是必须长期坚持,直至社会主义建设时期的基本原则。

提出"商业是建成社会主义经济关系的基础",向着社会主义建设时期必须利用市场经济的原则迈出了第二步。

在纪念十月革命四周年之际,列宁撰写了《论黄金在目前和在社会主义完全胜利后的作用》一文。这篇论文的题目很别致,耐人寻味。它在形式上讲的是黄金问题,因为黄金是最普遍的价值和最通行的流通手段,但实质上讲的是商业或商品货币关系在社会主义历史过程中的功能问题。在解决这一问题时,列宁把社会主义历史进程分成两大历史时期,以社会主义在全世界的完全胜利为界。第一大历史时期,即

---

① 《列宁选集》第4卷,人民出版社1995年版,第620—621页。

社会主义在全世界完全胜利之前，黄金、货币、商业、市场、商品货币关系，不会退出历史舞台。列宁当时特别强调："在历史事变的链条中，在 1921—1922 年我国社会主义建设的各种过渡形式中，商业正是我们无产阶级国家政权、我们居于领导地位的共产党'必须全力抓住的环节'……否则我们就掌握不了整个链条，建不成社会主义社会经济关系的基础。"①这个大的历史时期，显然包括社会主义建设时期，因为在一个或几个国家里进行社会主义建设的历史阶段，肯定没有达到社会主义在全世界的完全胜利。第二大历史时期，即社会主义在世界范围内完全胜利之后，黄金、商品、货币、市场，都将完成历史使命，放到历史博物馆中去，列宁幽默诙谐地指出："我们将来在世界范围内取得胜利以后，我想，我们会在世界几个最大城市的街道上用黄金修建一些公共厕所……"②列宁这篇论文的提法，蕴含着一个深刻的思想：黄金、货币、市场，只有在共产主义社会才会失去其历史职能，完全退出历史舞台；在此之前，包括整个社会主义建设时期，必须利用黄金、货币、市场，发挥商品货币关系的历史职能。这就为解决商品货币的历史长期性，存在于社会主义建设时期的历史必然性，提供了理论前提。

"在生产资料公有制条件下，文明的合作社工作者的制度就

---

① 《列宁选集》第 4 卷，人民出版社 1995 年版，第 614 页。
② 《列宁选集》第 4 卷，人民出版社 1995 年版，第 614 页。

第七章 三位一体的列宁构想

是社会主义制度",列宁最后这个提法意味着向肯定社会主义建设时期的市场经济迈出了第三步。

纵观列宁对整个社会主义社会运行机制的根本理解,似乎经历了从简单到复杂的三个阶段,有三种不同的典型提法。十月革命前,他把社会主义社会理解为一个高度统一、集中管理、机理简单的大工厂;1918年春天的设想,他把社会主义看成是一个全民计算、全民监督、直接管理的大公社,认为社会主义国家只能在这种情况下产生:它已经成为一个由许多生产消费公社构成的体系;到新经济政策时期的最后著作中,他把社会主义社会看成是由无数小合作社构成的、存在着商品市场、货币关系、内在机理复杂的大合作社。正是在这里,他提出了一个富于总结性的新命题:"在生产资料公有制的条件下,在无产阶级对资产阶级取得了阶级胜利的条件下,文明的合作社工作者的制度就是社会主义的制度。"[1]前两种提法——大工厂和大公社,虽然有所不同,但无本质差异;第三种提法——大合作社,表面看来似乎变化不大,实质上却有微妙深刻的本质差异。从经济联系的社会形式、内部机制来看,这种重大差异就在于:前两者基本上是"四无社会"——无商品,无货币,无市场,无个别经营者的自主权;第三种却是"四有社会"——有商品,有货币,有市场,有各个经营者的自主权。因此,按照列宁思想的固有逻辑,把上述命题稍加发挥就是:在公有制基础上文明经商的合作制就是社会主义

---

[1]《列宁选集》第4卷,人民出版社1995年版,第771页。

制度，在社会主义制度下，有合作社、文明经商、商品市场货币关系。这种发挥是否符合列宁思想自身的逻辑呢？无独有偶，可以印证这一点的，还有列宁后期另一个重要命题："难道这不是我们所需要的一切，难道这不是我们通过合作社，而且仅仅通过合作社，通过曾被我们鄙视为做买卖的合作社的——现时在新经济政策下我们从某一方面也有理由加以鄙视的——那种合作社来建成完全的社会主义社会所必需的一切吗？"①这个命题稍加引申就是：在新经济政策条件下，是通过合作社，并且仅仅通过合作社买卖机关这条道路，来建成完全社会主义的；通过合作社来发展商品生产的道路，就是社会主义建设的道路，就是建成完全社会主义的道路，而且是唯一可行的历史必由之路。可以毫不夸大地说，列宁最后之作《论合作社》，向着肯定社会主义建设时期利用市场经济的必要性，又迈出了有重大意义的一步。他在这里所说的"合作制原则的社会主义意义"，实质上也就是说的"有计划地利用市场经济的社会主义意义"。因为在列宁的思想中，合作制总是与商品交换相联系的，他总是一再强调"合作社是商店"，是"商品形式"，是"买卖机关"。

　　有计划地利用商品货币关系，意味着不是消极地袖手旁观商品交换、市场经济的自发存在，而是由无产阶级国家通过各种手段和中介，有意识地调节商业，引导市场。

　　在推行新经济政策、发展自由贸易的过程中，必然会出现

---

① 《列宁选集》第4卷，人民出版社1995年版，第768页。

第七章 三位一体的列宁构想

两种倾向：一种是适应无产阶级国家的整体利益，注意把个人、集体、国家利益协调起来的健康倾向；另一种是滥用新经济政策，钻新经济政策的空子，企图摆脱无产阶级国家的控制与规范，为个人或局部谋取暴利的自发倾向。因此，发展自由贸易、市场经济的口号不是绝对的、无条件的，没有一定限制、一定规范的。所以，列宁提出了一条界线所在的问题，无产阶级国家只要不改变本质，在一定限度内，以国家调节（监察、监督、规定形式和规章等）私营商业和私人资本主义为条件，是可以容许贸易自由和发展资本主义的。[①]列宁精心推敲出的基本口号是："给小农以一定的贸易自由……国家调节的自由贸易"[②]，"在国家的正确调节（指导）下活跃国内商业"[③]。

综观列宁的整个思想，他主张无产阶级国家利用多种手段去组织市场，调节市场，掌握市场，引导市场。其中，可以区分为经济手段和非经济手段。经济手段，实际上也就是无产阶级国家以"看得见的手"去间接把握"看不见的手"，包括银行、税收、信贷、价格等经济杠杆。非经济手段，则是用"看得见的手"去直接控制"看不见的手"，其中包括国家立法、行政指令、法律监督、财政政策等超经济强制手段。同时，还需要采取多种途径去主动地引导市场、组织市场，使自发的市场形成有利于社会主义的组织性、有序性。列宁当时寄希望的途径，

---

① 《列宁选集》第 4 卷，人民出版社 1995 年版，第 620 页。
② 《列宁选集》第 4 卷，人民出版社 1995 年版，第 620 页。
③ 《列宁选集》第 4 卷，人民出版社 1995 年版，第 614 页。

主要有两条：一条是借助于国家资本主义原则，把无数自发的、不定型的、难以监督的小商品生产，引上社会化的、易于监督的现代化大商品生产轨道；另一条更重要的途径则是合作制原则，通过小商品之间的经济联合，多种经济成分之间的横向联合，稳固地走上社会主义建设之路。

有计划地利用商品货币关系，还意味着社会主义经济要体现计划性与商品性的统一，要寻求这种对立的二重性的和谐结合。

在实行新经济政策的列宁后期，似乎采取了并行不悖的两手政策：一只手是推行自由贸易原则，充分地发展市场；另一只手则强化国家计划委员会的工作，宏观上建立统一的国家经济计划。乍看起来，这两个方面似乎是矛盾的，好像一个人自己的两只手在打架。实际上，在列宁的整体构想中，这两个方面是内在地联系在一起的。列宁在给国家计划委员会主任克尔日札诺夫斯基的信中，阐明了这种对立面和谐结合的契机所在："新经济政策不是要改变统一的国家经济计划，不是要超出这个计划的范围，而是要改变实现这个计划的办法。"①在最后写成的《论合作社》中，他从另一个新的角度阐发了这一思想："我们改行新经济政策时做得过头的地方，并不在于我们过分重视自由工商业的原则；我们改行新经济政策时做得过头的地方，

---

① 《列宁全集》第52卷，人民出版社1988年版，第40页。

第七章 三位一体的列宁构想

在于我们忘记了合作社。"①由此看来，在列宁有计划地利用商品货币关系的原则中，包含着相辅相成的两个要点：既要有自由贸易原则，又要有国家统一计划的原则；既要放手去搞市场经济，又要有国家的有力调节；既要有市场法则的自发调节，又要有国家计划的自觉规范，以及合作制的引导作用。

对列宁思想作出进一步概括发挥，就是社会主义经济具有商品性与计划性这种固有的二重性，应寻求二者的和谐结合。一方面，要由国家调节市场，即让计划性渗透进市场，使市场成为有组织的市场、有社会主义既定目标的市场、有国家计划规范的市场、有社会主义商品经济新秩序的市场。另一方面，则要用市场修正计划，要让价值规律渗透进国家经济计划，使计划是立足于价值规律的计划、是灵活反映市场行情的计划、是根据市场变化不断修正的计划、是适应市场而又引导市场的计划。

新经济政策道路的列宁最后构想，在一定意义上，或许可以称作"合作社会主义的列宁模式"，包括以下七条基本原则：①把发展生产力作为首要任务——新经济政策的首要目标；②长期保持多层次经济结构——新经济政策时期的混合所有制结构；③把合作制作为主要桥梁和枢纽——新经济政策的发展方向；④利用国家资本主义作为中介和帮手——新经济政策的开放之翼；⑤从国家垄断制走向以市场为基础——新经济政策的核心实质；⑥让企业自己对自己完全负责——新经济

---

① 《列宁选集》第4卷，人民出版社1995年版，第768页。

政策下的市场主体；⑦同个人利益相结合的原则——新经济政策下的动力机制。

上面讲的这七条原则，既是新经济政策的基本原则，也是列宁社会主义建设道路最后构想的基本原则。

这七条基本原则并非孤立的，而是一个有机整体。从基本内容方面来看，可以区分为三个层次。第一个层次为第一条基本原则（把发展生产力作为首要任务），指明了整个原先落后国家经济建设道路构想的根本目标，正是这个内在目的作为规律决定着经济结构和联系形式；第二个层次为第二条至第四条基本原则（长期保持多层次经济结构、把合作制作为主要桥梁和枢纽、利用国家资本主义作为中介和帮手），分别从总体、特色、重点上，阐明了小农国家走向和建设社会主义道路所应当采取的经济结构；第三个层次为最后三条基本原则（国家垄断制走向以市场为基础、让企业自己对自己完全负责、同个人利益相结合），则从宏观、中观和微观的多重视角，揭示了在新经济体制下如何有计划地利用商品货币关系。

列宁经济改革计划和新经济政策体制，他所构想的新道路和新模式，从总体上来看有两个最为鲜明的显著特征：一是不采取清一色的、国家垄断制的、纯社会主义经济形式，而是采取以社会主义经济成分为主导的、多样化的、多层次的经济结构，并把发展合作制作为发展社会主义经济的主要途径，利用国家资本主义作为特殊的中介；二是并非由国家直接组织生产、流通、分配和消费，而是"以市场、商业为基础"，并且把有计划地利用商品货币关系的原则贯穿到国家与企业、企业与个人的经济联系中去。

就其典型特征来说,列宁最后构想提供了一种"合作社会主义"的独特模式:从宏观上看,整个社会机体是一个大合作社;从微观上看,每个社会细胞是一个小合作社。市场经济、商品货币关系是经济联系的主要中介和主要形式;多元化、多层次的经济主体都有自主性——这是列宁合作制社会主义不同于国家垄断制社会主义的本质特征。

列宁在新经济政策时期,尤其是最后之作中关于经济建设道路的构想,虽然首先是直接针对过渡时期而言的,但其意义绝不局限于过渡时期。实质上,它以巨大的理论超前性,探索着原先落后的小农国家社会主义建设的道路,并且意味着一种独具特色的社会主义经济模式和经济体制。之所以说它独具特色,是因为它体现了列宁新颖独特的理论创造,深深地打上了那个时代和列宁个性的鲜明烙印,既不同于马克思主义创始人根据发达西欧做出的关于社会主义的一般设想,也根本有别于后来斯大林时期形成的国家垄断制的、传统计划经济的苏联模式。

三、政治制度改革的列宁晚年构想
——政治改革的列宁纲领

五篇论文的最后两篇为《我们怎样改组工农检查院(向党的第十二次代表大会提出的建议》《宁肯少些,但要好些》,是直接联系在一起的，探讨的是一个共同主题——政治制度、国家制度的改革，在这个归宿点上，列宁仿佛向最后口授的思想出发点复归：他于1922年12月23日最先开始口授的《给代表大会的信》等三封信件，首先谈论的恰恰正是政治制度、国家制度改革问题。

正是在这些最后著作和书信中，列宁第一次提出了进行政治制度改革的系统建议，从而为"全盘改革计划"补充了一个新的方面。在列宁最后著作中，至少有两篇论文、三封长信是专门谈论政治制度和国家制度改革的，篇幅大大超过了关于其他问题的阐述。也许可以说，政治制度和国家制度改革设想，既是列宁最后著作的新颖之处，也是它的中心之点。

如果说，十月革命前夕，列宁写下的一部最重要理论著作是《国家与革命》；那么，十月革命后，新经济政策时期，列宁最后论著的具有画龙点睛之效的主题就是：国家与改革。

1921年，列宁首倡"新经济政策"，而1922年底、1923年初的列宁最后构想则首倡"新政治改革"，旨在通过政治制度改革、国家制度创新，为新经济政策提供政治制度保障。

在这些信件和论文中，理论探讨和众多建议是穿插交错在一起的，列宁思想脉络并非那么易于把握的，因而出现了歧义纷纷的解释。在这里，我们则试图整理出列宁思想的主要头绪，从中提炼出具有重要意义的六个要点：①发展社会主义新型民主——政治制度改革主旨；②把官僚主义作为主要危险——政治制度改革的主要矛头所向；③寻求直接民主与间接民主的

第七章 三位一体的列宁构想

结合点——政治改革的独特道路;④民主化改革要从执政党自身做起——政治改革的必要前提;⑤强化人民监督权以反对官僚腐败——政治制度改革的最大制度创新;⑥国家制度的重大创新——政治改革的最后升华。

特别需要关注的是,强化人民监督权以反对官僚腐败——政治制度改革的最大制度创新,从中寻找有助于我们当前改革中所需要的有益经验。

在政党政治中,在劳动群众通过无产阶级执政党来管理国家,通过国家来管理社会经济生活的间接民主制中,执政党的领导地位、国家在社会生活中的主导地位,势必有增强的趋势,而官僚主义、权力集中的社会弊端也是必然随之产生的副产品。在这样的政治体制中,如何找到间接民主与直接民主的结合点,有力地制约党和国家中滋长的官僚主义国家体制,逐步地走向通过人民自己实现的人民管理制。列宁从社会主义民主发展的反复实践当中,逐渐摸索出一条现实的途径:在坚持党的思想政治领导权的前提下,着重强化人民参与权和监督权,特别是把人民监督权扩大再扩大,提高再提高。十月革命后,列宁关于强化人民监督权的思想是逐渐深化的,并在最后著作中形成了重大的思想飞跃。

在民主政体中,如何反对滥用权力,实行权力制衡、权力制约,是一个古老而常新的问题,它在民主发展的循环运动中反复出现。亚里士多德根据古希腊雅典城邦民主制的历史经验,提出了分权论和制衡论的最初思想萌芽;一切政体都有三个要素——议事机能、行政机能、审判（司法）机能。一个优秀的立法者在创新时，必须考虑到每一要素怎样才能适合其所构成的政体；倘使三个要素都发育良好的组织，整个政体也就是一个健全的机构。①从洛克、孟德斯鸠到杰斐逊，为了防止资产阶级政体向封建专制蜕化，提出了近代意义上的分权论和制衡论。他们提出了权力制衡论的理论基石——"要防止滥用权力，就必须以权力约束权力"②。同时，他们提出了三权分立、相互制约的基本原则——立法权、行政权、司法权相对独立，彼此牵掣，协调作用。杰斐逊的特殊贡献在于，根据美国资产阶级民主的实践，提出了"双重分权"和"双重制衡原则"——既实行横向结构中的三权分立制，又实行纵向结构中中央与地方分权的联邦制。不过，在从自由竞争资本主义走向垄断资本主义的阶段，这种分权制衡论受到现实生活的严峻挑战：三权分立的重心发生倾斜，行政权僭越于立法机关、司法机关之上是普遍趋势，实权往往落到政府首脑手中，议会制徒具形式；资产阶级政党成为三种国家权力机关的幕后操纵者，形成以一治三的政治格局；垄断财团又成为两党制、多党制的后台老板，成为真正一体化的向心力量，实际上使民主政治蜕化为垄断资本的寡头政治。

---

①〔古希腊〕亚里士多德：《政治学》，吴寿彭译，商务印书馆1965年版，第215页。

②〔法〕孟德斯鸠：《论法的精神》上册，张雁深译，商务印书馆1978年版，第154页。

第七章 三位一体的列宁构想

苏维埃新型民主政体有自身发展的特殊逻辑,当然不会简单重复上述问题。不过,它以新的形式同样遇到了民主政体中的权力制约问题。在苏维埃俄国民主发展的最初阶段,由于经济、政治、文化的落后,不可能马上走上人民自治的直接民主制,势必要实行间接民主制,其典型特征不是代议制,而是多层次的代表制:国家机关代表人民管理经济,无产阶级执政党代表人民管理国家;党中央委员会代表全党实行领导;政治局、书记处等领袖集团代表党中央主持日常工作。这种层层代表的间接民主制,势必会产生出一种权力集中的趋势。正如列宁坦率承认的:我们党每年召开一次代表大会,由大会选出 19 人组成的中央委员会领导全党,而且在莫斯科领导日常工作的是更小的集体,即所谓"组织局"和"政治局",每局各 5 人,由中央全会选出中央委员组成,这样一来,就成为最地道的"寡头政治"了。①

普列汉诺夫当年提出的那个巨大的历史问号仿佛又重新出现了,使布尔什维克面临着进退两难的问题:由于经济文化的落后,人民群众不可能马上实现直接管理,为建设社会主义只能充分发挥无产阶级政党与国家机关的能动杠杆作用;而同样由于经济文化的落后,权力集中到国家机关、执政党及其领袖集团手里,必然会产生与社会主义背道而驰的官僚主义。要突破这种恶性循环的怪圈,出路在哪里呢?

---

① 《列宁选集》第 4 卷,人民出版社 1995 年版,第 157 页。

列宁并没有简单重复资产阶级民主理论中的分权论、制衡论。他汲取了前人民主思想的精华，创造性地探索出了一条根本出路，就是强化人民参与权与监督权。如果说，"以权力制约权力"是资产阶级民主中制衡理论的基石的话，那么列宁为社会主义民主中的权力制衡理论，奠定了新的理论基石：以人民的力量制约权力，以人民的监督权制约权力。列宁批评了三权分立论的阶级局限性和理论局限性，试图摆脱"三权分立论"与"人民主权不可分割论"的对立，在理论上做出更高的综合。对列宁的独特思想作出再思索和再概括，那就是人民主权的统一论和三权相对独立论的有机结合。列宁这里所讲的三权，也具有独特的含义：无产阶级政党在思想政治上的领导权；人民代表苏维埃国家机关的立法执法权；人民群众的监督权。关于人民监督权的思想，集中体现出列宁民主理论中的大胆创新。也就是说，通过强化人民监督权，有效地防止权力的代表者与权力的主人、无产阶级政党领袖人物与人民群众相脱节，防止主客颠倒、反客为主的国家权力异化。

列宁关于强化人民监督权的学说，是在实践中逐步深化的，在他最后著作之中，几乎上升到了他关于社会主义新型民主学说的核心地位。如果我们追索列宁思想的发展轨迹，完全可以窥见其中的内在逻辑。

十月革命后的最初阶段，列宁就把实现工人监督权视为走向社会主义的首要步骤之一，不过当时对工人监督权的理解还是比较狭隘片面的。

第七章　三位一体的列宁构想

在 1917 年"四月提纲"中,列宁从理论上预见到,无产阶级社会主义革命的主要困难和关键所在,不是简单地夺取政权、没收资本,而是实现"工人国家的工人监督",即对产品的生产和分配实行工人监督。

十月革命胜利后,列宁马上亲自主持通过了《工人监督条例》《罢免权法令》,强调实行工人监督,"使人民的代表真正服从人民",是"社会主义革命的基本原则和任务"①。

1918 年春天,他把走向社会主义的历史进程,从理论上概括为"两步走":第一步是实行工人监督;第二步是工人调节生产。

不过他当时讲的工人监督权,主要是监督生产,而不是监督党和国家的领导机构、领袖人物。因为当时他在一定程度上把苏维埃民主制过于理想化了,看成是没有官僚、没有警察、没有常备军的"三无国家",远远没有充分估计到官僚主义复活的危险性。

在接下来的第二阶段,列宁关于人民监督权的思想是逐步上升、逐步深化的,并在实践中建立起人民监督机关,但在理论与实践上还有一系列根本问题没有厘清和解决。

1918 年 5 月,为了加强国家机关的监督工作,按照列宁的建议,成立了国家监察人民委员部。斯大林兼管这一部门。

1919 年 3 月,列宁在人民委员会会议上,对于改组国家监

---

① 《列宁全集》第 33 卷,人民出版社 1985 年版,第 102 页。

察人民委员部的法令草案，提出了修改意见，并致信起草这一草案的斯大林，中心论点是要求贯彻人民监督的原则，让工人群众参与国家监察机关："（1）建立有工人参加的中央（以及地方）机关；（2）按照法律经常吸收无产者以证人身份参加，其中妇女必须占 2/3。"①这里包含着列宁对斯大林忽视这一原则的含蓄批评，也反映出他们两人在人民监督权上的思想分歧。

  在这一年，工人群众自己创造了新型的人民监察机关的最初雏形。在最大的几个中心城市，成立了工人检查小组，发展成为与国家监督机构平行的人民监督机构，这是实现社会监督的崭新形式的萌芽。于是，列宁提出了把两种监督机构协调起来的新问题，并设立了一个委员会，制定了《工农检查院条例》，提出了三种不同方案，最后提交政治局。

  1920 年 1 月，列宁提出了国家监察工作全盘工农化的原则，以及与此相应地把国家监察人民委员部改组成工农检查院的基本方向。在 1 月 23 日召开的政治局会议上，列宁明确提出了加强人民监督权的原则："大力发展、加强和扩大工农检查机构，使国家监察人民委员部的一切工作全盘'工人化'（及'农民化'）。"②为了贯彻这一原则，他力主把国家监察人民委员部逐步改组为工农检查院，把国家监督与工农监督结合起来，并以人民监督、社会监督为主。为此，他致函斯大林，对《工农检

---

① 《列宁全集》第 35 卷，人民出版社 1985 年版，第 518 页。
② 《列宁全集》第 38 卷，人民出版社 1986 年版，第 71 页。

第七章 三位一体的列宁构想

查院条例》提出了一系列补充修改意见：①国家监察人民委员部所属工农检查司，应当是一个临时性的机关，其任务是把工农检查制度贯彻到国家监察人民委员部的各个部门中去，然后这个独立的部门就可取消；②建立工农检查制度的目的是把全体劳动群众，其中尤其应当包括妇女，都吸收来参加工农检查工作；③可以根据文化水平的高低，渐次安排所有劳动群众程度不同地参与工农检查制度；④国家监察人民委员部的官员，必须在所有各项工作中，都吸收工农检查机构的代表（或代表小组）参加；⑤逐步请各地方农民，必须是非党农民，参加中央的国家监察人民委员部的工作，每个省都要有农民代表；⑥通过党和工会逐步开展对劳动者参加国家监察人民委员部的情况的检查，注意培养群众参加管理国家事务的效果如何。①

列宁之所以阐述得如此具体，是因为斯大林主持起草的法案仅限于抽象地承认有必要吸引劳动者参加监督，却没有落实这一原则的任何具体形式和具体保证。

1921年9月，就斯大林转来的工作报告，列宁再度阐明了实行人民监督权的广泛权限和根本任务。列宁认为，这份工作报告像一面镜子一样，反映出对工农检查院任务的理解过分狭隘。他为此给斯大林写了一封长信，一再指出：工农检查院的任务，不仅仅是甚至主要不是"捕捉"和"揭发"（这是法院的

---

① 《列宁全集》第38卷，人民出版社1986年版，第72—74页。

《论粮食税》《论我国革命》精学导读

事务,工农检查院虽然和法院密切有关,但绝不等同),而是善于纠正。①这里问题的实质在于,对于人民监督权不应当作行政化、国家化的狭隘理解,不应当仅仅把它等同于国家司法机关的检查权、审判权,它应当有更为广泛的职权范围和活动范围,应当善于通过人民监督使党和国家机关纠正错误,避免暗礁。

这一时期,列宁还开始着手建立和强化党的监督系统,贯彻全党群众参与监督的原则。1920年9月的俄共(布)第九次全党代表会议,根据列宁的提议,开始建立党的监督系统,成立了中央监察委员会。1922年8月,党的第十二次全国代表会议通过的新党章,要求强化党自身的监督系统,特别是对党领导机关的全党监督:①从党的六大(1917年7月)开始建立的中央检察委员会的职能,原先仅限于定期检查中央委员会的会计处和其他事业,由此新扩充的首要职能,是检查党的中央机关是否正确和迅速地处理事务,以及中央书记处是否正常地进行工作;②从中央到省,普遍建立党的监察委员会;③各级监察委员会由同级党代表大会直接选举,并向代表大会报告工作,而不隶属于同级党委;④各级监察委员会委员有权出席同级党委会的一切会议和本级党组织的一切其他会议,并有发言权;⑤各级监察委员会的决议,本级党委会无权加以撤销,二者不能协调时,提交同级党代表会议或上级监察

---

① 《列宁全集》第42卷,人民出版社1987年版,第150页。

第七章 三位一体的列宁构想

委员会解决。①

列宁在《论"双重"领导和法制》一文中鲜明地强调:"中央监察委员会,只对党的代表大会负责。"②

依靠党外普通群众进行清党的实践经验,深化了列宁关于人民监督权的思想。布尔什维克成为执政党之后,各种各样的人都进来了。根据党的十大决议进行的清党,有17万人被清理出党,占当时党员总数的25%,在一定程度上纯洁了党的队伍。经验表明,"在揭露'混进党的'、'摆委员架子的'、'官僚化的'人的时候,非党无产阶级群众的意见以及在许多场合下非党农民群众的意见是极其宝贵的"③。

在这一阶段,列宁加强人民监督权的思想更具体、更广泛了,但也有一系列重大问题没有解决:如何切实保证人民群众的监督权?特别是如何保障手中无权的劳动群众去监督权力极大的领袖人物?党、国家、人民三支监督系统如何协调起来加强职能?……

在列宁生命的最后阶段,面对着一系列没有很好解决的尖锐问题,促使他系统阐述了强化人民监督权的学说。

列宁当时感到最棘手的问题,主要是以下四个:①国家机关中的官僚主义十分严重,贪污受贿之风较为普遍,而且组织

---

① 中共中央党校党建教研室编:《苏联共产党章程汇编》,求实出版社1982年版,第34、40页。
② 《列宁选集》第4卷,人民出版社1995年版,第704页。
③ 《列宁选集》第4卷,人民出版社1995年版,第560—561页。

《论粮食税》《论我国革命》精学导读

臃肿,效率低下;②支撑整个俄国革命的主要支点出了问题,官僚主义不仅渗透进国家机关,而且渗透进党的机体,党的领导机关和领袖人物几乎掌握着无限的权力,却难以约束他们不滥用权力;③在党和国家机关的官僚主义与权力膨胀面前,人民群众却处于权力萎缩、束手无策的地位,工农检查院几乎形同虚设、成了附庸,有的重要领袖人物(如斯大林)实际上贬低人民监督权,有的(如托洛茨基)甚至干脆否认工农检查院存在的必要性;④党、国家、人民三支监察机构很不协调,难以构成统一强大的人民监督系统。

面对这种困境,出路在何方?列宁经过艰苦思索,把主要希望寄托在强化人民监督权上。只有强化人民监督权,才能改变工农群众束手无"权"、参政无道的消极软弱境地,才能对抗官僚主义的流行病毒和强酸腐蚀,才能获得改造党和国家机关的原动力,才能从直接民主中汲取力量的深刻源泉。无论是从列宁思想的发展来看,还是从整个民主学说史来看,从来没有把人民监督权问题提得这么高,这么尖锐,这么迫切!

因此,必须改弦易辙,从根本上改造人民监督工作。列宁最后提出:"我认为不言而喻的是:工农检查院根据五年的经验立即开始按新的方式安排工作。"①列宁最后之作的核心部分,《给代表大会的信》《我们怎样改组工农检查院》《宁肯少些,但

---

① 《列宁全集》第43卷,人民出版社1987年版,第436页。

第七章 三位一体的列宁构想

要好些》的中心议题都是强化人民监督权。可以说，这一时期，列宁以新的方式、新的高度，重新提出了强化人民监督权的问题，集中表现为以下五大转变并具有鲜明特征。

第一，从监督活动的主体来看，要从国家司法机关、监察机关，转向广大人民，实现监督工作的工农化，使党和国家的最高监督权直接属于人民。

以斯大林为首的有关领导，忽视了国家监督工作的工农化原则，因而，参与工农检查院工作的普通群众日益减少，1921年有124 000人，到1922年底只有17 000人，人数锐减了6/7。更大的问题是工农检查院出现有人无权、有名无实的倾向，失去了同人民群众直接民主的联系，成了一个功能萎缩的国家机关。

那么，如何从根本上扭转这种颓势呢？列宁最后的回答是："通过我国工农中的优秀分子同真正广大的群众联系起来"[1]，"到我国专政根基最深的地方去发掘新的力量"[2]。这就是说，需要到社会主义直接民主中去挖掘反对官僚主义的强大原动力，按照工农化原则彻底改组工农检查院。在古代直接民主制中，公民大会在一定程度上参与监督工作。在近代代议制民主中，司法权完全由国家机关垄断，国家司法机关成了监督活动的主体。卢梭重新提出重建"人民保民官制度"，认为"监察官的法庭远不是人民意见的仲裁者，它仅仅是人民意见的宣告者"[3]。列宁彻底发展了卢

---

[1]《列宁选集》第4卷，人民出版社1995年版，第780页。
[2]《列宁选集》第4卷，人民出版社1995年版，第779页。
[3]〔法〕卢梭：《社会契约论》，何兆武译，商务印书馆1980年版，第168页。

《论粮食税》《论我国革命》精学导读

梭的人民监督权的宝贵思想萌芽,要求彻底体现人民监督权至上的原则,把人民作为国家监督机关的唯一主体,真正确立劳动群众在社会监督系统中的主体地位。

第二,从监督组织的权限来看,要把工农检查院从普通的不起眼的国家机关,提高为党和国家中最有权威的模范机关,体现人民监督权至高无上、包罗万象的原则。

卢梭曾经最早提出了扩大人民监督权的原则:"作为法律的保卫者,它要比执行法律的君主与制定法律的主权者更为神圣、更为可敬。"①

列宁最后思考的特点是非常具体地探讨了如何提高人民监督系统的权限,使它足以约束权势极大的官僚主义,维护革命法制,并为此提出了以下五项举措。

中央监察委员会要由党代表大会直接选举,由党的最高权力机构授权。列宁的提法是:"我建议代表大会从工人和农民中选出75—100名(这当然是大致的数字)新的中央监察委员。当选者也像一般中央委员一样,应该经过党的资格审查,因为他们也应享有中央委员的一切权利。"②

中央监察委员会并不从属于中央委员会,而是与中央委员会完全平行的机构。"列宁的最后之作"以极其郑重的口吻,重申了党章中的这一明确规定:"应该对工农检查院特别关心、特别注意,

---

① 〔法〕卢梭:《社会契约论》,何兆武译,商务印书馆1980年版,第160页。
② 《列宁选集》第4卷,人民出版社1995年版,第780页。

第七章 三位一体的列宁构想

把它的地位提得特别高,使它的领导具有中央委员会的权利等等。"①为了使它能够监督党的最高机关和最高领袖人物,"条件是他们应接近党的最高机关并同领导我们党及通过党领导我们整个国家机关的人享有相同的权利"②。

中央监察委员会有权参加政治局的任何会议,有权审查政治局的任何决定和文件:"凡与政治局会议有关的文件,一律应在会议前24小时送交中央委员会和中央监察委员会的各委员……中央监察委员会应有一定人数的委员出席这种会议。"③

在政治局和中央委员会会议上,出席会议的中央监察委员有权向任何人提出质询,其中包括党的最高领导人。列宁特别强调:"应该注意不让任何人的威信,不管是总书记,还是某个其他中央委员的威信,来妨碍他们提出质询。"④

他们有权监督从上到下的任何国家机关的各个领域里的一切企事业单位。在《宁肯少些,但要好些》一文中,列宁专门探讨了工农检查院的无所不包的广泛权限:"工农检查院本来就是为我们的一切国家机关而设的,它的活动应毫无例外地涉及所有一切国家机构:地方的、中央的、商业的、纯公务的、教育的、档案的、戏剧的等等——总之,各机关一无例外。"⑤

---

① 《列宁全集》第43卷,人民出版社1987年版,第392页。
② 《列宁全集》第43卷,人民出版社1987年版,第435页。
③ 《列宁全集》第43卷,人民出版社1987年版,第376页。
④ 《列宁全集》第43卷,人民出版社1987年版,第377页。
⑤ 《列宁全集》第43卷,人民出版社1987年版,第387页。

第三，从监督工作的对象来看，重心要从党和国家的下层机关、一般干部，转向最高机关、领袖人物。

1922年制定的党章，已经开始体现出监督对象重心上移的原则。在党和国家权力相当集中的政治体制下，上层领导具有关键作用，因而列宁后期关于监督对象的规定，同样贯穿了重心上移的方针，即首先是监督党和国家的最高领导，其次才是一般机关："中央监察委员会委员必须在自己主席团的领导下，经常检查政治局的一切文件。同时他们应当恰当地分配自己做检查工作的时间，以便对我们的机关（从最小的分支机关到最高的国家机关）的办文制度进行检查。"①在《给代表大会的信》中，列宁已经提出了给党内正在滋长的权力集中、领袖崇拜、官僚主义泼泼冷水的问题，最后论文中则进一步从政治制度的高度提出了改革办法，把党的最高机关、最高领袖人物置于人民监督权之下，成为人民监督的重心所在："有一定的人数必须出席政治局每次会议的中央监察委员会的委员们，应该形成一个紧密的集体，这个集体应该'不顾情面'，应该注意不让任何人的威信，不管是总书记，还是某个其他中央委员的威信，来妨碍他们提出质询，检查文件，以至做到绝对了解情况并使各项事务严格按照规定办事。"②列宁在这里有一定针对性地特别提到了总书记，但在斯大林主政时期出版的《列宁全集》《列宁选集》，却讳莫如深地全部删去了这个提法。

---

① 《列宁全集》第43卷，人民出版社1987年版，第384—385页。
② 《列宁全集》第43卷，人民出版社1987年版，第377页。

第七章 三位一体的列宁构想

第四,从整个监督体制的建构来看,从党政平行的监督机构,转变到建立统一强大的人民监督系统。

列宁最后思想有个特点,就是在整个政治体制问题上,他主张党政分工、各行其职;而在监督系统问题上,他主张人民监督权不可分割、党的监督与国家监督相统一的原则,建立一个党政军民学一体化的社会监督系统。表面看来,列宁的思想似乎有些自相矛盾,实际上问题的症结在于:在当时的间接民主体制中,实质上实行的是政党政治,是"通过党领导我们整个国家机关"①,因此只有以对党的监督为重心,把对党和国家的监督统一起来,才能使监督工作富有成效,不流于形式;党的监督机构与国家监督机构并立平行的状态,割裂了人民监督权,不利于形成一个统一高效、具有威慑力的人民监督系统。当然,这并不意味着完全否认党政监督系统的相对独立性,而是以工农检查院为中枢把它们统一起来。因此,列宁提出:"把工农检查院和中央监察委员会这样结合起来"②,并且专门探讨了这种结合的可行性,把这个问题提得相当明确:"对于活动范围这样广,又需要活动方式非常灵活的机关,为什么不能容许它用特殊的形式把党的监察机关同苏维埃的监察机关合并起来呢?"③"难道苏维埃机关和党的机关这种灵活的结合,不是我们政策的巨大力量的泉源吗?"④

---

① 《列宁全集》第43卷,人民出版社1987年版,第435页。
② 《列宁选集》第43卷,人民出版社1987年版,第374页。
③ 《列宁全集》第43卷,人民出版社1987年版,第387页。
④ 《列宁全集》第43卷,人民出版社1987年版,第386页。

《论粮食税》《论我国革命》精学导读

第五,从人民监督的活动方针来看,从单纯的检查监督,转向与学习管理、参与管理相结合。

在口授《我们对工农检查院怎么办?》一文的尾声之处,列宁画龙点睛式地说明了强化人民监督权这一思想的要旨和发展目标:"现在问题是要组织这些新中央委员学会整个中央委员会的工作和熟悉最高国家机构的工作。如果我们耽误这件事情,那我们就不能履行我们的一项基本职责,即利用执政的机会教会劳动群众中的优秀分子懂得管理的一切细节。"①因此列宁一再申明,工农检查院必须实行"把学习和业务结合起来"的方针,"必须抽出工作时间来学习理论和研究科学组织劳动"②,"了解科学组织劳动特别是管理、办公等方面劳动的原理"③。

把检查监督工作与学习参与管理结合起来的必要性来自两个方面:不能像过去那样耽于幻想,把劳动群众的文化水平、监督水平、管理水平太理想化,只有靠学习训练,才能真正掌握复杂无比的"管理国家的艺术",才能成为名副其实的监督者,强大的人民监督权才不再是一句空话;在整个社会主义民主发展进程中,由少数先进分子代表人民进行管理,多数劳动群众在一旁监督,这只是实行人民监督权的第一步目标,更高的第二步目标是人民自己进行管理,实现人民自治。因此,参与人民监督的劳动群众,都肩负着双重职能:首先是监督检查职能,

---

① 《列宁全集》第 43 卷,人民出版社 1987 年版,第 437 页。
② 《列宁全集》第 43 卷,人民出版社 1987 年版,第 376 页。
③ 《列宁全集》第 43 卷,人民出版社 1987 年版,第 374 页。

第七章 三位一体的列宁构想

防止党和国家的领导机关、领袖人物搞官僚主义、滥用权力；其次是学习和参与管理的职能，为逐步过渡到人民自治、直接管理做好准备工作。

由于实现了上述五个方面的重大转变，列宁关于强化人民监督权的学说在后期得到了理论升华。这是列宁建党思想和民主学说发展中的重大转变，是独特新颖的理论创造。它扬弃了资产阶级民主学说中的三权分立、权力制衡理论，为社会主义新型民主提供了特有的权力制约和人民监督理论。它打破了前者"以权力制约权力"的狭隘格局，推出了"以人民监督的强大社会力量制约权力"的新格局。不过，列宁后期思想转变的重大意义在于，多年以来远没有得到充分理解和重视。人们往往仅仅根据他早期和中期的思想来解释他的建党学说与民主学说，而忽视了他最后的思想飞跃，忽视了他最后也是最宝贵的重新思索，忽视了他最后的思想升华与理论创新。

列宁最后思索，意味着对党与群众关系的反思及重新理解，从着重依靠前者的单一支点过渡到二者并重的双重支点。据说，发现了杠杆原理的古希腊力学的伟大奠基人阿基米德，有一句充满哲理而震惊世界的科学格言：给我一个支点，我就能把地球翻转过来。而中年列宁则创造性地把这句物理学格言，变成了撼动世界的政治学格言："给我们一个革命家组织，我们就能把俄国翻转过来！"①以职业革命家为核心的无产阶级政党，就

---

① 《列宁选集》第 1 卷，人民出版社 1995 年版，第 406 页。

《论粮食税》《论我国革命》精学导读

是这个唯一的支点,正是以党为支点,布尔什维克推翻了沙皇专制统治的庞然大物,把俄国翻了个个儿,并且建立起以政党代表制为支点的整个政治体制。但是,新的问题也随之出现,布尔什维克成了大权在握的唯一执政党,官僚主义开始在党的机关中盘踞起来,这个支点自身的牢固性出现了突出问题。晚年列宁最后思索的回答是:再给我们一个新的支点,这就是强大无比的人民监督权;有了人民监督权这个新支点,定能把官僚主义翻个个儿!过去他主要指靠党来解决人民面临的迫切问题,指望党来领导人民,代表人民;现在,他反过来又指靠人民来解决党面临的尖锐问题,靠人民来监督党,纯洁党。当然,在苏维埃俄国的国情背景下,列宁始终没有放弃前一个支点,党的思想政治领导权。问题是在走向社会主义新型民主的历程中,需要用强大的人民监督权这个新的支点,去补充它,加固它,更新它。

列宁晚年最后思索,还意味着整个社会主义新型民主的政治制度、权力结构和国家体制的重新建构,从单一的金字塔型结构过渡到双金字塔型结构。在列宁历来的主张中,是非常强调高度集中、高度统一的,再加上种种恶劣的历史环境,最后几乎是合乎逻辑地造成了一种金字塔型的权力结构和政治体制。作为塔基的是数量巨大的党和国家的基层组织、普通群众;作为塔身的是数量相当的各级地方组织、地方政权;作为塔顶的是数量较少的党和国家的中央机关;而塔顶的尖端则是人数更少的党的中央委员会——政治局、组织局、书记处。正是十几个职业革命家构成的领袖集团,居于权力顶端。这种塔基雄

第七章 三位一体的列宁构想

厚、塔尖高耸的金字塔型权力结构,保证了布尔什维克高度的统一意志、统一行动,在以战争与革命为主题的时代,在夺取政权和巩固政权的斗争中表现出巨大的历史优越性。然而,这里也留下了一个巨大的问号:假定处于金字塔顶端的领袖集团或领袖人物有人滥用手中的无限权力怎么办?在布尔什维克党成为执政党之后,特别是实行新经济政策和斯大林担任总书记之后,上述可能性的问题成为一个现实性的问题。开始暴露了权力过于集中、官僚主义恶性膨胀的严重弊端,而广大人民群众却望"权"兴叹,束手无策,根本无力监督这些手握大权的领导集团和领袖人物。因而,列宁后期尝试通过新的双重路径来解决这个难题:一方面,用健全党内民主集中制的办法来改变和调整金字塔内部的权力结构;另一方面,更重要的是在这个金字塔上面再加上一个倒金字塔,即至高无上的人民监督系统。也就是说,把下层人民群众和工农检查院的监督权扩大再扩大,加强再加强,使它具有巨大无比的监督权,利用全党全国全民的强大社会力量,反过来高屋建瓴地监督整个党和国家机关、最高机关与最高领袖人物。让这两个正反金字塔恰当地结合在一起,形成一种新型的权力均衡和权力制约,这是列宁最后构想的社会主义新型民主的崭新格局,国家制度的重大创新。

列宁最后思索,还为解决党的领导和官僚主义关系问题探索了一条新路,就是把人民监督权作为官僚主义的克星。一方面由无产阶级政党代表人民进行管理,另一方面则让掌握了巨大监督权的人民群众监督这种管理;一方面承认党和国家机体中必然会产生官僚主义弊病,另一方面则把人民监督权作为解毒剂来防治它;一方面垄断权力、滥用权力会像烈性强酸一样腐蚀某些共产党人、领导干部,另一方面强大的人民监督权又是威力无比的抗腐剂。对于落后国家的新型民主来说,注定要走这样一条充满矛盾和曲折的历史必由之路。

上述六个方面的总和,就构成了列宁最后关于政治制度改革的整体构想,指出了实行与新经济政策相适应的政治改革的基本原则,粗略地勾画出了列宁要探索的新型政治制度的大致轮廓,可谓列宁政治改革的最初纲领,列宁国家制度创新的总体构想。

这六个要点并不是孤立存在的,它们之间存在着一种不可忽视的内在联系。其中,前两点指明了政治制度改革的正副主题——发展社会主义新型民主,克服官僚主义。后面的四点则分别阐明了走向这一目标的四个关节点:要探寻直接民主与间接民主相结合的特殊道路,必须从执政党自身的民主化着手做起,强化人民监督权是动力源泉,最后要落脚到国家机构的改革上。

列宁最后著作篇幅并不长,但理论思维的空间却相当广阔;除上述内容外,还提到了国际关系中相对均势的新变化,需要采取的新战略;在世界新格局下的民族问题,社会主义的历史命运等。上述各个方面的总和,特别是其中一切思想凝聚的焦点,就构成了我们所说的最后形成的"建设社会主义道路的列宁构想",或者称作"列宁后期的全盘改革构想"。

第七章 三位一体的列宁构想

列宁最后构想中的重要思想是在长期实践中逐渐沉积形成的,并在他的最后沉思中得到了理论升华。不应当忽视列宁后期提出的许多闪光的新思想,正是在这里他对自己以往的整个社会主义理论做出了深刻反思和大胆革新。其中,实行经济改革、探索经济建设新道路的基本思想,是在1921年实行新经济政策以来逐步形成的;而"文化革命"与"政治制度改革"这两个方面,则是列宁最后时期形成的新概念和新思想。

列宁最后构想,是经济建设、政治建设、文化建设三位一体的整体构想。在这里,从资本主义向社会主义过渡的一般规律与小农国家社会主义建设的特殊规律结合到一起,电气化计划、合作制计划、文化革命计划连成一片,文化建设、经济建设、政治建设的规划熔为一炉。

列宁最后关于经济、政治、文化建设的三大构想之间,存在着一以贯之的思想主线。文化建设的中心点是文化革命,经济建设构想的中心点是发展商品市场,政治制度改革的中心点是人民监督、民主政治。"市场经济—民主政治—文化革命",这三大支撑点并不是孤立的,它们是列宁最后总体构想的真正骨骼,也是实行全面系统改革构想的三个主动轮。

列宁最后构想,也是"需要一场变革""需要整整一个历史时代"的全盘系统改革构想。[1]这里包含着他对自己走过的道路

---

[1]《列宁选集》第4卷,人民出版社1995年版,第770页。

的理论反思，对整个社会主义的重新理解，对社会主义当时现状的批判性分析，最重要的是构想了开创未来的理论创新、制度创新。

列宁最后构想，是初具轮廓、趋于成熟、独具特色的小农国家走向社会主义、建设社会主义的"列宁模式"。它具有别开生面的鲜明特征，既不同于马克思主义创始人的理论社会主义的一般设想，也从根本上区别于后来斯大林领导时期形成的传统计划经济的"苏联模式"。

第八章　全面深化改革的源头活水

——列宁晚年论著的理论意义与现实意义

正是2013年党的十八届三中全会提出的全面深化改革的时代课题，把我们的理论视线重新引向列宁政治遗嘱与最后构想，为中国改革开放新阶段，去探寻理论上的源头活水。

一、全面深化改革的时代潮头呼唤
——重新开掘列宁政治遗嘱的源头活水

列宁生命最后阶段的政治活动和理论活动，列宁最后著作的深刻命意和现实意义——这是一个长期以来具有巨大魅力而又众说纷纭的历史之谜。这个问题缠绕在重重历史迷雾之中，初看起来仿佛是一个纯粹书斋里的历史问题、理论问题，而实际上在问题的深处却跳动着时代的脉搏，同探寻社会主义建设道路的迫切问题、当代社会主义改革的现实问题息息相通。从人类认识活动的特点来看，对未来的展望总是基于对历史的理解，科学认识运动的这两种导向总是纠缠在实践的交错点上。也许正是基于此，在现代思想史上就形成一串螺旋上升的圆圈，

《论粮食税》《论我国革命》精学导读

在寻找社会主义建设道路的重大历史关头,一再地燃起对这个历史问题的激烈争论。

今天,在 2012 年党的十八大、2013 年党的十八届三中全会后,对站在全面深化改革新阶段、新起点上的当代中国来说,更是这样。

列宁最后著作的思想精髓及其现实意义问题,至今还是一个争论不休的问题。这个问题不单纯是一个思想史课题,而且是一个有重大现实意义的理论课题。解开这个历史之谜,有助于盘根究底地弄清楚当代社会主义改革的历史起源,有助于我们从列宁那里寻求改革之路的理论渊源和理论根据。

当然,这是一个难度很高的、综合性很强的研究课题。只有拂去半个多世纪历史的仆仆风尘,真正抓住整个时代脉搏和列宁思想脉搏,才能揭示列宁"政治遗嘱"的真实意义和思想内核。本书力图广泛吸收国内外的最新研究成果,在前人研究的基础上,独立地、创造性地把这一探索向前推进。

这是一种历史的沉思,它不是孤立地考察列宁的最后思想,而是要求把列宁思想放到 20 世纪世界历史的总体格局中去,放到俄国的特殊国情之中,放到探寻社会主义建设道路的曲折历史进程中去,放到现时代探索改革之路这一活动的历史画面中来。

这是一种深入的沉思,它不局限于表面地描述列宁最后的理论与实践活动,而是力求深入十月革命之后列宁曾做出的不同选择、不同尝试的内在矛盾之中,深入列宁个人心理的精神

第八章 全面深化改革的源头活水

世界深处,深入列宁晚年巨大的内在创作活动之中,深入列宁最后思想的深层结构,历史地、真实地、生动地再现列宁"政治遗嘱"的形成过程。

这是一种理论的沉思,它追求的不仅是亦步亦趋地辨认列宁留下的思想足迹,而是从理论思维高度提炼出建设社会主义道路的列宁构想的基本原则,找出支撑列宁构想的内在骨骼,发掘出其中蕴藏的思想底蕴,领悟出那些至今仍有启迪作用的方法论原则和深刻哲理。

这是一种现代的沉思、它的思想主旨不是面向昨天解释列宁的思想,而是面向当代、面向未来、面向当代中国全面深化改革中的迫切问题,努力站在现代社会发展和科学认识的新高度,重新思索列宁提出的问题、解决的问题和没有解决的疑难问题,创造性地发展列宁最后思想,以便高屋建瓴地探索改革的基本思路、基本原则和发展趋势。

二、三个五十年,一个聚焦点
——原先落后国家的社会主义特殊道路

在本书的开头,我们以 20 世纪的时代变化为广阔背景,选取了建设社会主义道路的列宁构想作为前景,以进行近景式的详尽考察;而在本书的结尾之外,我们将把列宁构想重新放回到 21 世纪当今时代的广阔历史背景上去,用世界历史的巨大天平来衡量列宁思想对现时代的意义。我们将用"世界视野——中国眼光",来审视列宁构想提出的问题、解决的问题和遗留的问题,以及它们对我们当代中国形成全面深化改革新观念、新理论的现实意义。

列宁构想所提出的问题,在现时代仍然有重大意义,依然是我们要解答的时代课题。列宁构想的中心问题,是在20世纪新的历史时代,如何创造性地把马克思主义一般原理,运用到经济文化原先比较落后的国家中去,打破那种过度集权的战时共产主义体制雏形,探索一条走向社会主义、建设社会主义的新道路。纵观整个马克思主义发展史,可以把一个半世纪的历史进程,分为三个阶段,大体上正好是三个"五十年",前后相继地把三种类型的民族推上了世界社会主义舞台的中心。

创立马克思主义的"第一个五十年",是从19世纪40年代到19世纪90年代,这是马克思主义的原生形态,主要属于自由竞争的资本主义时代,首先登上社会主义历史舞台的是西欧发达资本主义国家的无产阶级。马克思主义创始人面临的主要时代课题,是以西欧发达资本主义国家为典型,创立科学社会主义的一般原理,使社会主义从空想变为科学,这是他们一生的思考中心。在他们活动的中后期,开始把理论视线转向俄国和东方,开始注意到它们古代历史发展和走向社会主义的特殊道路问题。

发展马克思主义的"第二个五十年",是从19世纪和20世纪

第八章 全面深化改革的源头活水

之交到 20 世纪 40 年代第二次世界大战结束,这是马克思主义的次生形态,属于走向垄断的帝国主义和无产阶级革命的时代,显著的历史特征就是处于欧亚之间的、比较落后的半文明的俄国,首先开辟了社会主义道路。马克思主义面临的时代主题,是把社会主义进一步从科学理论转化为具体实践、社会制度、新型文明,把马克思主义与新的时代和俄国特殊国情相结合,把科学社会主义一般原理特殊化、民族化、具体化。

马克思主义在现时代呈现多样化发展的"第三个五十年",这是马克思主义的当代形态。整个世界历史进入了一个新的历史时期:资本主义发展到了国家垄断资本主义的更高阶段;现代科技革命是一个全球性历史过程,使整个人类世界面临着一系列前所未有的崭新问题;社会主义从一国发展到多国,中国等一大批原先更为落后的、不文明的农民国家,也开始了社会主义历史进程,并且试图打破过度集中的苏联模式,通过改革重新探索社会主义道路。同时,马克思主义发展还出现了另一个潮头,那就是回到自己的故乡,探寻西方发达资本主义国家走向社会主义的特殊道路。当代马克思主义的发展趋势是进一步与新的时代及多样化国情相结合,走向马克思主义理论形态的多样化、现代化、全球化。从如此广阔的世界历史视角来看,列宁构想在各个方面都蕴藏着极大活力。

把马克思主义基本理论与每个时代、每个国家的特殊国情相结合,这是列宁构想的思想真谛,也是 20 世纪马克思主义的思想主流。强调列宁主义具有俄国的民族特色,是时代本质与

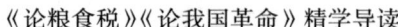

民族特点的统一,这并不是贬低它的时代性、国际性、普遍性意义,而恰恰是列宁超越考茨基、普列汉诺夫的伟大之处,也是列宁思想在现时代的闪光之处。在今天,仅仅重复马克思主义、科学社会主义一般原理是无济于事的,需要像列宁构想那样深深地扎根于多样化国情的肥田沃土之中,马克思主义理论大树才能根深叶茂、永葆长青。

如果说马克思在 19 世纪创立马克思主义时的主要理论贡献,是唯物史观和剩余价值学说这两大发现,那么,列宁对 20 世纪马克思主义发展的主要理论贡献,集中体现在他的相互联系的两大构想之中。第一大构想是列宁自己命名的八本《哲学笔记》中蕴含的系统研究辩证法、认识论的总体构想,它启迪我们从哲学高度总结现代科技革命的最新成果和现代科学认识发展的大趋势,把马克思主义辩证法——认识论系统化,为探寻改革之路创造现代科学认识论。第二大构想是蕴含在列宁新经济政策学说和最后著作中的落后国家建设社会主义道路的战略构想,它有助于我们打破传统计划经济的苏联模式,通过改革实践,去开创一种民主化的、富于民族特色和生机活力的社会主义新体制。

这两大构想,是列宁全部思想的真正轴心,也是马克思列宁主义在现时代最富于活力的重要生长点。以列宁这两大构想为总体框架来重新理解列宁主义的思想实质,有助于我们深入发掘马克思列宁主义的理论内涵,创造富于时代气息的马克思主义中国化的现代理论形态。今天研究列宁的这两大构想,是我们确立

第八章　全面深化改革的源头活水

全面深化改革的新观念、新思维的重要思想发源地和生长点。

对于列宁的第一个伟大构想,我已经在 1985 年通过的博士论文《辩证法科学体系的列宁构想——对〈哲学笔记〉的沉思》中,做了专门研究①;被称为"列宁遗嘱"的第二大构想,我曾在 1990 年出版的《改革之路的真正源头》一书中,作过初步研究②;在这里,面对党的十八届三中全会提出的全面深化改革的崭新时代课题,我们重新深入探讨一下列宁第二个伟大构想及其巨大现实意义。

三、继承列宁遗嘱,突破苏联模式
——全面深化改革的深层迫切需要

问题是贯穿科学思想的生命线,也是衡量其科学价值的主要尺度。一种科学思想的价值大小,主要取决于它对于时代课题回答的思想高度、广度和深度。

列宁最后构想和新经济政策学说,可以区分出从浅到深、由表及里的三个层次:①针对当时特殊情况的具体措施;②解决全局性、方向性重大问题的基本原则;③探索社会主义建设道路的方法论上的根本原则。

在这三个层次的思想内容中,越表层的特殊性越多,越容

---

① 王东:《辩证法科学体系的列宁构想》,中国社会科学出版社 1989 年版。
② 王东:《改革之路的真正源头》,北京大学出版社 1990 年版。

易过时；越深层的普遍性较多，生命力就越持久。涉表层者得浮萍，涉浅水者得鱼虾，涉深水者得蛟龙。我们应当深入列宁思想脉搏的深处，真正把握其中具有永久魅力的思想精髓。

列宁最后构想中提出的许多具体措施可能已经过时了，然而其中包含的基本原则并没有过时。列宁提出的以市场经济、民主政治、文化革命为骨骼系统的总体构想，对于我国当前探索改革和现代化建设的总体布局，仍有重要的现实意义。列宁最后构想和新经济政策的基本原则，对于绝大多数社会主义国家来说并没有过时，对于处于社会主义初级阶段的中国来说更是如此。列宁最后关于政治制度改革的构想，对于今天确立政治体制改革的基本思路有重要启迪作用，尤其是民主化改革从执政党自身做起的原则和强化人民监督权的原则，在今天反对官僚主义、建设新型民主的政治改革中仍然保持着锐利思想锋芒。列宁的文化革命计划，对今天的文化观念变革和精神文明建设，依然有方法论上的重要启示。在社会主义建设和改革之路的探索中，列宁那种面向生活实践，一切从实际国情出发，既勇于开拓新路，又勇于修正错误的认识论、方法论根本原则，更是我们今天探寻改革之路的思想源泉。

从社会主义历史发展过程的角度来看，当代社会主义改革实质上是彻底摆脱斯大林时期形成的传统计划经济的苏联模式，重新回到列宁新经济政策和最后构想开创的道路上来，在新的历史条件下继续和发展列宁后期的思想与事业。在新经济政策实践基础上结晶而成的建设社会主义道路的列宁构想，揭

第八章 全面深化改革的源头活水

示着经济文化比较落后的小农国家社会主义建设之路的特殊规律，集中体现着列宁别开生面的理论创造。它既不同于马克思主义创始人关于社会主义的一般设想，更与后来斯大林时期形成的苏联模式有本质区别。

市场经济、民主政治、文化革命是支撑整个列宁构想的三大骨架，也是当今时代推动社会主义改革的三个主动轮。新经济政策道路及最后结晶而成的经济建设构想，用列宁的话说，基点就是充分利用"国家调节下的市场""以市场为基础""按商业原则行事"，实际上就是发展市场经济的问题。列宁最后著作中提出的改革政治制度的建议，中心点是发展社会主义新型民主，反对官僚主义。列宁后期首次提出的文化革命计划，思想焦点是拔掉农奴制旧文化的劣根性，建设社会主义新文明。简要地说，"市场经济—民主政治—文化革命"，这是支撑列宁后期全盘改革计划和建设社会主义道路构想的总体构架。当代社会主义改革，就以我国全面深化改革而论，也亟待解决系统规划、整体战略和配套进行问题。当然，我们今天不能再简单套用列宁构想的框架，但是列宁最后构想贯穿社会主义经济、政治、文化建设一体化的基本思想，依然是我们制定社会经济发展战略的指南；列宁后期实行政治、经济、文化"全盘改革"的原则，仍然是我们今天对僵化体制、障碍机制进行综合治疗全面改革的指导方针；而列宁构想中"市场经济—民主政治—文化革命"这三个基点，至今仍是支撑全面深化改革的主要支点和动力机制。

列宁新经济政策的基本原则多半并没有过时,仍然有助于我们今天在实践中探索经济体制改革的基本方向。与当年俄国特殊情况相联系的许多新经济政策的具体内容、特殊措施,今天已经失去普遍意义,但是反映了经济文化比较落后国家建设社会主义的一般规律与特殊规律的新经济政策基本原则,则没有失效,它几乎适用于当前几乎所有一无例外的社会主义国家,对我们中国当前所处的社会主义初级阶段来说更是如此。我们当前的改革,在很大程度上是摆脱苏联模式的轨道,沿着列宁新经济政策道路和原则继续前进。

试问新经济政策的基本原则,究竟哪一条过时呢?简单地搬用这些基本原则,当然不足以解决改革面临的复杂问题,仅仅有这样一些原则也远远不够,还需要创造和补充一系列新的原则、新的措施。然而,列宁奠定的新经济政策原则其基本精神并没有过时,仍然是改革苏联模式、焕发经济活力的重要指针,仍然是当今时代改革中行之有效的基本原则。

列宁最后著作中提出的政治制度改革的系统建议,是他为党的十二大准备的改革政纲,是他准备与新经济政策配套实行的"新政治制度"的总体构想。遗憾的是,由于他第三次中风后,生命垂危,丧失语言能力,这一切都未能实现。今天当我们拨去历史表象笼罩的重重迷雾,对列宁这一构想进行反思时,会发现一幅二重化了的历史图景:这里提到的斯大林、托洛茨基、布哈林等个人早已成为历史人物,不少个别措施也已经成为历史,某些思想已经成为过时观念;可是这里提出的基本观

第八章 全面深化改革的源头活水

念却在当代政治改革中显示出无限生机,它的思想深处闪现出大胆探索新型民主的思想火花,凸显出反对官僚主义蜕化的不可磨灭的战斗锋芒。

借助于对列宁政治制度改革构想的沉思,可以大大深化我们对当前社会主义政治改革的理解,确立社会主义政治学的新观念,从理论思维高度进一步厘清政治改革的中心目标、思想主线和基本原则。

在目前进行的文化问题讨论中,有两种相当流行的说法:要么是选择西方的发达文明,全盘西化;要么是选择中国传统文化,向传统复归。这两种说法貌似对立,但在方法论上却是"心有灵犀一点通"的。它们都不了解,文化革命的发展方向,既不是简单地选择现成的西方发达资本主义文明,也不是简单地选择古老的东方文明,而是立足于社会主义劳动实践基础上的文化创造,即对人类一切文明成果做出更高综合,创造一种更高类型的现代新型文明。

精神文明建设和文化观念变革需要遵循哪些基本原则呢?重温列宁的文化革命计划,可以从方法论上得到重大启示。在"文化热"当中,有些人对列宁的文化革命计划表现出冷漠态度,认为这似乎是没有多少新鲜感的老生常谈,只有引进现代西方文化学的方法才是出路。我们同样积极主张借鉴现代西方文化学的新方法,但是仅靠这条思想路径,解决不了文化建设中的许多全局性、方向性、原则性的问题。文化争论中的种种倾向表明,正是在这些带根本性的方法论问题上摇摆不定，模糊不清。

只有正确地为改革探源寻根，才能从根本上澄清改革的社会主义性质和前景。毫无疑问，改革需要突破把社会主义与资本主义抽象对立起来的僵化观念，吸收发达资本主义创造的人类先进科学文化成果，克服前资本主义的封建残余，加速社会主义建设。同时，改革后的新经济体制在现象形态上与资本主义发达市场经济确有许多共同之处：都是走向社会化的发达市场经济，广泛运用市场、货币、价值、利润、信贷等范畴，商品货币关系成了推动生产的重要杠杆；在所有制形式中，出现了独立的个体私营经济成分，合资或合作经营的国家资本主义成分，甚至还有外国资本独立经营的企业；在开放潮流中，大量引进了发达资本主义国家的资金、技术、人才、管理方式，还大量引进了哲学、人文科学、社会科学的思想成果。这种种现象如果得不到理论上的正确解释，往往会形成一种模糊认识：社会主义实在是搞不下去了，不得不完全模仿资本主义，向资本主义倒退。我们并不赞成那种把社会主义与资本主义截然对立的僵化观念，但也不赞成模糊改革的社会主义性质和远景。从本质上说，改革是更多一些社会主义而不是相反，是更接近于社会主义理想目标而不是相反。从理论上对改革做一番追根溯源，有助于澄清改革的实质，克服上述模糊看法，真正辨析清楚：有计划地利用商品货币关系，通过发展商品生产、市场经济的途径走向和建设社会主义，是马克思主义，尤其是列宁主义的题中之义；改革之路的主要理论渊源和理论根据，不是

第八章 全面深化改革的源头活水

资本主义,而是科学社会主义;改革之路虽然借鉴资本主义,但并不是简单照搬资本主义,它的深刻根源首先在于社会主义自身发展之中,在于马克思主义的思想主流之中。不从理论上澄清这些问题,就很难使改革的中坚分子明确改革方向,坚定广大群众的改革信念,完全驳倒保守主义对改革的种种责难,战胜新自由主义对社会主义改革实质的扭曲。

在当代社会主义改革浪潮中,我们应当沿着列宁后期开创的这条新路继续前进,独立地、创造性地解决改革实践中提出的新问题。列宁最后构想仍有些地方是不成熟、不完善的,没有经过实践的检验,我们不应当把它加以绝对化,列宁提出的有些问题还没有得到很好解决,一个最大的历史性难题,就是一个原先经济文化落后的国家,如何防止权力集中给无产阶级执政党及其领袖人物带来的官僚主义侵蚀问题,如何防止官僚化、推进民主化的问题。更重要的是,我们今天面临的世界形势,有许多不同于列宁时代的新特点、新趋势、新规律;我们所处的中国这个东方亚洲大国,有许多不同于当年苏维埃俄国的特殊性、复杂性;我们所处的社会主义初级阶段,也有不同于当年新经济政策时期的众多特点。因此,我们不是简单地回到列宁后期思想那里去,更不能躺在列宁最后构想上,搬用那里的现成结论,套到改革现实问题上去。我们需要在实践中开拓新路,在理论上进行再创造。

我们正处在新时代的改革激流之中,我们正着手宏大的改革系统工程。我们比以往任何一个历史时代都更需要系统周密

《论粮食税》《论我国革命》精学导读

的理论思维,更需要创造性的新观念、新思维。对于我们中国的全面深化改革来说,尤其如此。

"半亩方塘一鉴开,天光云影共徘徊。问渠哪得清如许?为有源头活水来。"深入挖掘列宁后期思想,使我们发现了理论上的新大陆,在我们头顶上展现了新的理论星空,为我们创造改革时代的新观念、新思维、新方法、新理论,提供了新的源头活水,有助于创立现代水平的系统改革论。

社会主义改革之路、建设之路的探索史,如同整个人类认识史一样,犹如一连串螺旋上升的圆圈,有些基本问题、基本趋势、基本规律是不断以新的形式反复出现的。因此,每一代人在创造当代的新观念、新思维以解决现代问题时,总是自觉或不自觉地回到前人那里去,利用前人留下的思想资料作为自己的思想出发点。列宁后期实行的新经济政策,是社会主义历史上的第一次重大经济改革,是打破雏形之中的苏联模式的第一次尝试。列宁最后构想,是进一步改革政治制度、实现文化革命的总体规划,是社会主义历史上最早出现的全盘改革计划。这是列宁全部思想发展的制高点,把它作为我们的思想出发点、生长点,有助于创造全面深化改革时代的新观念、新思维。

中国改革的实践,呼唤着改革的总体规划,呼唤着强化改革的系统性思维,呼唤着具有现代水平的整体改革论。改革的最大困难,也许并不在于障碍机制的强大、保守势力的顽固、文化背景的落后,而在于改革者自身的盲目性,背着僵化观念的历史包袱,看不清改革之路上的难点所在,难以形成富于想象力而又

第八章 全面深化改革的源头活水

符合实际的总体构想。改革的困难,首先在于改革者自身的认识能力、观念更新、思维水平,以及改革决策的民主化、科学化。

要制定改革的整体构想,创造改革的系统理论,必须借助于马克思主义历史长河中的思想遗产,尤其是列宁后期的新经济政策思想和最后总体构想。正是在这里,在社会主义的历史画卷中,形成了"经济—政治—文化"全盘改革、系统改革的第一个伟大构想,在列宁的天才头脑中进行了社会主义全面深化改革的第一次"思想实验"。

在列宁新经济政策道路和最后构想中,我们可以找到今天社会主义改革之路的历史渊源和思想源头;而在当代社会主义和中国改革实践中,我们可以看到列宁后期构想在当代现实生活中新的发展、新的创造。深入开掘这个思想源头,创造性地发展列宁后期思想,会使我们在全面深化改革的道路上前进得更自觉,更大胆,更稳健,更富于开拓探索精神。

四、改革开放 40 年列宁新经济政策研究现状
——一个亟待加强的重大研究领域

1984 年,在中国改革开放时代起点上,在全国首届列宁哲学思想研讨会上,我在独立钻研列宁思想 20 年后,与黄枬森先生合作发表论文《列宁对社会主义革命和建设道路的创造性探索》,在国内外学术界率先提出,列宁新经济政策道路与最后构想,是改革源头,是改革之路的历史源头与理论源头。

《论粮食税》《论我国革命》精学导读

1990年，我在北京大学出版社出版了多年研究成果《改革之路的真正源头》，在全书最后，我写下了三句话，概括交代了在中国改革头十年，"十年磨一剑"的写作过程：1979年到1982年完成初稿；1985年完成第二稿；1988年10月修改定稿。

后来的近20年间，由于种种原因，我虽然一直关注相关的重大领域、重大问题，却未能再直接继续这一研究工作，未作出修改补充。

从2012年党的十八大到2013年党的十八届三中全会前后，我在思考"全面深化改革"这个关系全局的时代课题时，幡然领悟到重新深化这一研究的重大意义：既有重大理论意义，又有重大的现实意义；既是历史问题，又是命运攸关的现实问题；既是直接与苏联模式相关的国际问题，又是与我们今天改革对象与基本思路戚戚相关的中国问题。

引起我重新思索这个问题的一个重要学术契机，是我看到中国社会科学院世界历史研究所学术团队黄立茀、马龙闪等人所著的《新经济政策时期的苏联社会》（2012）一书，对这一研究领域当前我国现状的学术综述：

> 1979年至今，我国学者发表关于这一课题的文章共计1133篇，出版专著5部，即《列宁的新经济政策学说》[①]、《新经济政策理论体系——论列宁

[①] 商德文、王志伟、宋新柳编：《列宁的新经济政策学说》，经济科学出版社1987年版。

第八章　全面深化改革的源头活水

对社会主义经济的再认识》①、《新经济政策理论研究》②、《历史的启示——苏联新经济政策时期农村经济（1921—1930）》③、《新经济政策与苏联农业社会化道路》④。此外，还有论述列宁晚期思想的专著，与新经济政策有直接关系，如《改革之路的真正源头》⑤、《列宁后期思想探要》⑥等。

这里提供的学术信息，是十分宝贵的，而排列顺序则有些杂乱。我们这里且按正式出版时间为线索，稍微梳理一下，从而分析研究过程的来龙去脉。这七部著作，按发表时间排序为：①杨承训、余大章：《新经济政策理论体系——论列宁对社会主义经济的再认识》，河南人民出版社1985年版；②商德文、王志伟、宋新柳编：《列宁的新经济政策学说》，经济科学出版社1987年版；③志华：《历史的启示——苏联新经济政策时期农村经济（1921—1930）》，华夏出版社 1988 年版；④王东：《改革之路的真正源头》，北京大学出版社1990年版；⑤沈志华：《新经济政策与苏联农业社会化道路》，中国社会科学出版社1994年版；⑥俞良早：《列宁后期思想探要》，湖北人民出版社1995年版；

---

① 杨承训、余大章：《新经济政策理论体系——论列宁对社会主义经济的再认识》，河南人民出版社1985年版。
② 高继文：《新经济政策理论研究》，中国人民公安大学出版社2000年版。
③ 志华：《历史的启示——苏联新经济政策时期农村经济（1921—1930）》，华夏出版社1988年版。
④ 沈志华：《新经济政策与苏联农业社会化道路》，中国社会科学出版社1994年版。
⑤ 王东：《改革之路的真正源头》，北京大学出版社1990年版。
⑥ 俞良早：《列宁后期思想探要》，湖北人民出版社1995年版。

⑦高继文：《新经济政策理论研究》，中国人民公安大学出版社2000年版。

按照这一学术综述，从1978年中国改革开放开始，一直到该书出版前的2012年9月，大体上经历了34年，关于20世纪20年代列宁新经济政策的学术专著，国内一共出版了七部。上述七部书，按出版时间排列，大体是：1985年，1987年，1988年，1990年，1994年，1995年，2000年。

也就是说，如果以1995年为界，分成前后两个17年，即这七本书中的六本，包括笔者出版的那本书，都是改革开放前17年发表的；只有一本书，是后17年发表的；而这一本书出版在2000年，此后至2012年9月间，近12年间竟没有出版过一本这方面的学术专著。

中国学术这一领域研究的中断、沉寂，甚至空白环节，与其间客观形势上出现的新时代、新情况、新问题，以及国际学术界出现的新资料、新争论、新观点，恰恰形成了强烈反差与鲜明对照。

世纪之交20年，世界历史发展出现的新时代、新情况、新问题，强烈呼唤加强对列宁新经济政策与后来形成的苏联模式关系的深入研究。世界历史最大的新变化，就是苏联解体、东欧剧变、苏联模式轰然倒塌；而从1992年邓小平南方谈话与党的十四大后，中国毅然决然地开辟了社会主义市场经济新道路；中国道路既根本突破了传统计划经济的苏联模式，又继承发展了列宁新经济政策的改革精神与基本思路。为中国改革寻根，

第八章 全面深化改革的源头活水

搞清楚"我从哪里来,我到哪里去",必然要求我们追根溯源地搞清楚,列宁新经济政策道路和全盘改革最后构想、政治遗嘱,与后来形成的苏联模式,到底是什么关系?

我们欣喜地看到,以习近平同志为核心的党中央领导集体,高高地举起了马克思列宁主义思想的旗帜,为加强列宁新经济政策和晚年思想研究指出了正确方向。

2013年1月5日,习近平在新进中央委员会的委员、候补委员学习贯彻党的十八大精神研讨班上的讲话中,纵论社会主义五百年,区分了六个不同的时间段,把列宁主义与苏联模式区分为两个不同阶段,高度评价了列宁新经济政策与晚年思想,还引证了邓小平的有关论述。

2013年党的十八届三中全会上审议通过了《中共中央关于全面深化改革若干重大问题的决定》,把中国改革开放推进到一个新的阶段,也把这个问题提得更加突出、更加迫切、更加深刻。

在短短的近五年时间里,注重研究这一课题的学术专著,至少已有五部:①黄以苇等的《新经济政策时期的苏联社会》,社会科学文献出版社2012年版;②郑异凡的《新经济政策的俄国》,人民出版社2013年版;③王东的《系统改革论:列宁遗嘱,苏联模式,中国道路》,吉林人民出版社2014年版;④陈之骅、吴恩远、马龙闪主编的《苏联兴亡史纲》,中国社会科学出版社2016年版;⑤王东、刘军主编的《列宁思想在中国——中国列宁学百年轨迹与前沿问题》(2017年)。

总而言之，在列宁晚年关于新经济政策道路的探索，在其晚年理论创新，尤其是经济、政治、文化三位一体的系统改革论中，我们可以找到改革开放、中国特色社会主义的源头活水；而在习近平新时代中国特色社会主义思想中，我们可以看到对列宁新经济政策道路和晚年构想的继承与发展，21世纪与当代中国马克思主义发展的时代潮头！